PIECES

LIBRES

DE M. FERRAND,

ET

POÉSIES

DE QUELQUES AUTEURS

SUR DIVERS SUJETS.

A LONDRES.

M. DCC. LXII.

PIECES
LIBRES
DE
DE M. FERRAND.

Si tu veux, suivant ta chimere,
Regner sur le sacré vallon,
Parmi les Galants de ta Mere,
Ferrand, dis-moi, quel est ton Pere?
Et tu seras mon Apollon.

ÉCOUTEZ-MOI, vrais Enfans d'Apol-
    lon,
Doctes Rimeurs & joyeux Écrivains,
J'ai vu Phœbus dans le sacré vallon.
Pas ne croyez que ce font contes vains ;
Oui, je l'ai vu : Nymphes & Dieux Sylvains

Suivoient ses pas, attentifs à ses sons :
Rien ne chantoit que badines Chansons,
Car Apollon quelquefois aime à rire.
Je l'écoutai, j'en retins les leçons,
Et d'après lui, j'ose ici les écrire.

※

Au lit de mort une vieille à confesse,
Qui cinquante ans sous Vénus travailla,
A Bourdaloue exageroit sans cesse
Les doux plaisirs dont amour la combla.
Oh ! ça, lui dit l'Enfant de Loyola,
Songez à Dieu : je le voudrois, dit-elle,
Mais j'ai toujours un b...gre de v.. là,
Même en mourant, qui me f... la cervelle.

※

Deux Cordeliers, grands débrideurs de
      Nonnes :
A frais communs desservoient un Couvent,
Et dirigeoient douze gaillardes Nonnes ;
Ç'en étoit six pour chaque desservant.
L'un trépassa dans de rudes épreuves :
Moi, j'ai bon dos, dit l'autre survivant ;
Morbleu, je veux épouser les six veuves.

   Trois siecles différens ont produits à la fois
      Martial, Horace & Pindare ;
      Quel siecle, ami, seroit plus rare,
      S'ils étoient rassemblés tous trois !

Rousseau, nul autre, ce me semble,
Au nôtre ne peut être égal,
Puisque dans toi seul il rassemble
Pindare , Horace & Martial.

Le Tragi-comique Danchet,
Dont le fiel contre moi s'allume ,
S'exprime à peu près de sa plume ,
Comme un Savetier du tranchet.
L'un fait des souliers & des....
Souliers qu'il vend cher aux badauts ,
Et l'autre ne fait point des Pieces
Que de pieces & de morceaux.

Un beau Chartreux , Moine Napolitain.
Fut pris fondant son Prieur D. Jerôme.
On le conduit au Métropolitain :
Ça votre nom, dit l'Évêque ? D. Côme :
Votre péché quel est-il ? de Sodome :
Votre âge quel ? il est de vingt-huit ans ;
Moine de quand ? dès mon plus jeune temps :
Dans le Couvent qu'êtes-vous ? Économe.
Ah ! dit alors l'Évêque entre ses dents ,
Bien payerois un pareil Major-dome.

Pere Macaire en un coin instruisoit,

En l'embraſſant, fille ſimple & gentille ;
Mais cependant qu'il la catéchiſoit,
Ce que ſavez croiſſoit ſous ſa mandille :
Que ſens-je là , Pere , lui dit la fille ,
Après avoir ſon *Pater* achevé ?
Je ne ſais quoi là-deſſous s'eſt levé,
Qui me repouſſe. Ah ! dit Pere Macaire,
Serrez-le bien , & dites votre *Ave* ,
De ſaint François c'eſt le grand reliquaire.

Nonnain Ferlue & Frere Roidinet
S'eſcarmouchoient de la belle maniere ;
Comme un verrat le bon Frere écumoit ,
La bonne Sœur s'eſcrimoit du derriere ;
Mais quand venoit à l'extaſe derniere ,
Comme un Païen , le Frappart blaſphémoit.
Ah ! quel péché , dit lors la Miſaurée ,
Tels juremens vous damneront. Hélas !
Dieu permet bien que prenions nos ébats ;
Mais pour guérir mon ame timorée ,
Frere très-cher , hélas ne jurez pas.

Un maltôtier gourmandoit des manœuvres,
Qu'il avoit fait travailler à ſon fief,
Pour élever poteaux & hautes œuvres,
Croyant par là ſe donner du relief.

Par Saint Matthieu , pareille maffe-pierre ,
S'écria-t-il , ne durera vingt ans.
Ah! Monfeigneur , lui repart Maître Pierre ,
Ç'en fera là pour vous & vos enfans.

❧

Dans un feftin donné par la jeuneffe
Aux deux Amans que Vulcain furprit nuds ,
Pour fervir Mars, pour fervir fa Maîtreffe ,
Amours badins furent tous retenus :
Si d evoient-ils , par Hébéfoutenus ,
Ne célébrer que la fille de l'Onde ;
Mais les frippons , laiffant Dame Vénus ,
Chanterent... Qui ? Chanterent Rupelmonde.

❧

Quand Apollon , avec le Dieu de l'Onde ,
Vint autrefois habiter ces bas lieux ,
L'un fut fi bien cacher fa treffe blonde ,
L'autre fes traits, qu'on méconnut les Dieux :
Mais c'eft en vain qu'abandonnant les Cieux ,
Vénus , comme eux , veut fe cacher aux
         Cieux ,
On la connoît au pouvoir de fes yeux ,
Lorfque l'on voit paroître Rupelmonde.

❧

Un Mathurin , Rédempteur affidu ,
Pour convertir un Turc , lui difoit comme,
Adam mangeant de ce fruit défendu ,

A iv

Nous damna tous ; que Dieu s'étant fait homme
Pour nous fauver, fut en Croix fufpendu.
Donc, dit le Turc, fi j'ai bien entendu,
Votre Dieu fut pendu pour une pomme.

✻

Avec un bon v... long d'une aune,
Et dont la mine ragoûtoit
Le Capucin Blaife f......
Une vénérable Matrone ;
Mais par refpect notre vieux Faune
N'ofoit lui mettre jufqu'au bout.
Par la morbleu mettez-le tout,
Dit-elle au Pudibond Priape,
Un bon v.. d'âne quand il f...
Fait plus d'honneur qu'un v.. de Pape

✻

Anne, dit-on, médit de moi,
Et me fouhaite, en un huitain,
Tous les maux qu'elle craint pour foi,
Et qu'elle aura pour le certain.
Mais Anne me maudit en vain,
De ce ne fuis épouvanté ;
Malédictions de Putain....
Sont oraifons pour la fanté.

✻

Après confeſſe, à travers un Parloir,
La Sœur Colette entretenoit Pere Ange ;
Eſt-ce un péché dit-elle au Frere noir,
De ſe gratter quand le nombril démange ;
Oui, c'eſt péché, ne fut-ce qu'un moment ;
Nos corps ne ſont que boue & que ſouillures,
Et quel qu'en ſoit le deſir véhément,
Ne faut ſur ſoi porter ſes mains impures.
Lors ſe levant & trouſſant ſes habits,
Grattez-moi donc, dit Colette au Pere Ange,
Vous, Pere en Dieu, dont les doigts ſont
       benis ;
Mais grattez fort, car bien fort me démange.

❀

Aſtrée un jour s'enquit du Médecin,
Quel temps étoit à l'amour plus propice ;
L'ébat, dit-il, au matin eſt plus ſain,
Mais vers le ſoir il a plus de délices.
Oracles ſûr ! ſavante Faculté !
Bien répondu ! Depuis ce temps Aſtrée
Chaque matin le fait pour ſa ſanté,
Pour le plaiſir le fait chaque ſoirée.

❀

Lorſque les deux Anges blondains
Aux Sodomites apparurent,
Deux des plus nobles Citadins

A v

En rut aussi-tôt accoururent
Les Anges eurent beau voler,
Les b...... pour les enculer
A leurs dos si fort se lierent,
Qu'emportés là-haut tout brandis,
En déchargeant ils s'écrierent,
Ah! nous sommes en Paradis.

❧

Thémire, au gré de mes desirs,
J'ai cru vous voir abandonnée;
J'ai cru m'enivrer des plaisirs
De la nuit qui suit l'hymenée:
Mais à mon réveil j'ai connu
Que je m'étois entretenu
D'illusions & de mensonges.
Que j'aurai de felicité,
S'il est vrai ce qu'on dit des songes,
Qu'ils promettent des vérités!

❧

Le Frere Luc ayant mis bas bissac,
Froc & manteau, pour la Dame de Bec,
Bien l'exploitoit au fond d'un cul de sac,
Main sur tettin, œil contre œil, langue en
bec.
Puis tout à coup Luc d'un goût un peu grec,
a vire droit, fiche où savez son pic.

Pour l'en ôter fifflant comme un afpic ,
La Dame alloit & de taille & d'eftoc ,
Se remuant. Sacré froc d'Habacuc !
Trop bien allez , lui dit le porte-froc ,
Mieux qu'un Prélat vous traitez Frere Luc.

Il n'en eft plus , Thémire , de ces cœurs
Tendres , conftans , incapables de feindre
Qui d'une ingrate épuifant les rigueurs ,
Vivoient contens & mouroient fans fe plain-
   dre.
Les feux d'amour alors étoient à craindre ;
Mais aujourd'hui les feux les plus conftans
Sont ceux qu'un jour voit naître & voit étein-
   dre :
Hélas! pourquoi fuis-je encor du vieux temps.

❧

  Blaife confultant fes amis
Sur une affaire d'importance ,
 Leur difoit : vous m'avez promis
Dans mes befoins votre affiftance.
Jean , l'un d'eux , lui dit auffitôt :
Qu'eft-ce donc , Blaife , qu'il vous faut?
Quel trouble agite ainfi votre ame ;
Eft-ce du bien qu'on vous ravit?
Blaife répond : j'ai mal au v...
Dois-je à préfent baifer ma femme ,

A vj

Male pefte , que dites-vous ,
Dit Jean ? c'eft pour nous perdre tous ,
    Vous buvez d'un vin , moi d'un autre,
Et mon plat n'eft jamais le vôtre ,
Quand vous me donnez un repas.
Ce procédé me femble étrange :
Faut-il , quand avec vous je mange ,
Qu'avec vous je ne mange pas ?

Pour une mauvaife Chanfon ,
Paul s'imagine être un Virgile ;
Ainfi qu'il fe croit un Achille ,
Pour une bleffure au talon.

Au rendez-vous , dès le matin donné ,
Vint une Belle , ivre d'un vin nocturne ?
Dont le Galant fe trouvant étonné ,
A la tancer point ne fut taciturne.
Morbleu ! dit-il , chauffant fon grand co-
          thurne ,
Ce n'eft aimer que s'enivrer ainfi.
Ce trait eft noir : oh ! oh ! nous y voici ,
Reprit la Dame. Eh ! par le grand faint
          Jacques ,
Vous femble-t-il que nous foyons ici
Venus tous deux pour y faire nos Pâques ?

Belle jupe , beaux cotillons
On remarque aux filles de joie ;
Tout le reste est en guenillons ,
Gans , manchons , souliers , petite oye.
Alix dit , que c'est la raison
Que son devant soit le plus leste ,
Puisqu'il est maître en la maison ,
Et qu'il fait aller tout le reste.

L'INTERROGATOIRE.

UN vieux Juge informant d'un viol fait
　　　　sur les lieux ,
Interrogeoit sur ce fillette à porte close ,
Sotte , il est vrai , d'esprit , mais fraîche
　　　　comme rose.
C'étoit morceau friand ; aussi déja des yeux
Le Ribaud la convoite , & pour l'abuser
　　　　mieux ,
Tous ce qu'à l'accusé la Belle avoit vu faire,
Le paillard le faisoit , caressoit la commere ,
Prenoit ses blancs tettins , levoit son tablier :
Ça , dit-il , entre nous , fit-il pas autre chose?
Eh ! oui , dit-elle , il mit.... mettons donc ,
　　　　& pour cause ;

Un Juge, comme moi, ne doit rien oublier.

Jean, qui devoit après dépofer fur l'affaire,

Par la porte de l'huis avifa le myftere,

Et lors pour déloger ne fe fit pas prier.

Tous les autres témoins avoient beau lui
     crier,

Eh! pour Dieu, Jean reviens. A d'autres,
    dit-il ; Diantre,

J'ai vu ce que j'ai vu, grand merci de vos
    foins ;

    Le Diable m'emporte fi j'entre,
    On y chevauche les témoins

AUTRE.

Jadis logeoit près d'un Couvent femelle
Certain quidam friand d'un tel gibier.
Or, là dedans chaque nuit fans chandelle
Par l'huis fecret entroit maint Cordelier.
Si faut-il bien, dit-il, de cette porte
Ufer auffi : Pour ce mit une nuit
L'habit clauftral, & parmi la cohorte
Deffous le froc fut d'abord introduit,
Or, il n'entroit qu'autant de béats Peres
Qu'elles étoient de révérendes Meres,

Fixe en étoit le nombre au rendez-vous :
Chacun trouvoit toujours même monture ;
Et là par rangs ils se pourvoyoient tous.

Avint qu'enfin Frere Bonaventure ,
Ne trouva point gîte : Ouais , qu'est-ceci ?
S'écria-t-il ; puis le long de la Sale , &c.

LA PRÉSOMPTION HUMILIÉE.

CONTE.

CErtain Autel de royale fabrique
A pour tableau l'Annonciation.
Voyant la Vierge , un Vieillard Séraphique
Du feu charnel sentit l'émotion.
Si forte en lui fut la tentation ,
Qu'avec scandale il quitta le mystere.
Fi , quelle horreur ! dit un Jésuite austere ;
Onc pour tableau tel penser dissolu
Ne m'adviendra : qu'on allume le cierge ,
Vierge , ne crains. Le béat résolu ,
Sans rien sentir , considere la Vierge ;
Mais il vit l'Ange , & le voilà pollu,

CONTE.

EN l'âge d'or que l'on nous vante tant,
Où l'on aimoit sans loix & sans contrainte,
On croit qu'Amour eut un regne éclatant.
C'est une erreur ; il fut si peu content,
Qu'à Jupiter il porta cette plainte :
J'ai des sujets, mais ils sont trop soumis,
Dit-il ; je regne, & je n'ai point de gloire ;
J'aimerois mieux dompter des ennemis :
Je ne veux plus d'empire sans victoire.
A ce discours Jupin rêve, & produit
L'austere honneur, l'épouvantail des Belles,
Rival d'Amour, & Chef de ces rebelles,
Qui font beaucoup avec fort peu de bruit.
L'enfant mutin le considere en face,
De près, de loin, & puis faisant un saut :
Pere des Dieux, dit-il, je te rends grace
Tu m'as fait là l'ennemi qu'il me faut.

ÉPIGRAMMES.

BRûlé du feu de la concupiscence,
Frere Thibaud courut à son Gardien.
Jeûnez, mon fils, lui dit la Révérence ?
Thibaud jeûna ; le jeûne ne fit rien.

Lors derechef Thibaud se plaint : eh bien ,
Joignez au jeûne & discipline & haire ,
Dit le Vieillard ; mais las le pauvre haire
Sentit sa chair encore plus regimber.
Vertu du froc ! succombez-y donc , Frere ,
Tant que d'un an n'y puissiez retomber.

Robin cherchant aventure charnelle ,
Pressoit au Bal Tendron de quatorze ans ,
Qui , sous l'habit de gente Demoiselle
Lui dit : calmez ces desirs violens ,
Point ne serez ici d'exploits galans ,
Mâle je suis. Robin ne se dérange ,
Et s'écria les yeux étincelans ,
Ainsi soit-il ! parbleu , je gagne au change.

Pour quelque temps Apollon voudroit
        être ;
Non pour desir d'éclairer l'univers ,
Non pour tirer fleches , ni pour connoître
Simples cachés & leurs effets divers ;
Non que je veuille, ô puissant Dieu des Vers,
Régler les rangs qu'à ton gré tu décernes :
Mais nettoyant le Pinde & ses cavernes ,
Je ne voudrois qu'en chasser un monceau ,
Un vil essaim de Poëtes modernes ,
Pour n'y laisser que La Mothe & Rousseau.

Un jour auprès d'un aveugle en priere,
Au coin d'un bois, Jean du malin preſſé,
Mit bas Alix, gentille chambriere,
Et l'exploita dans le fond d'un foſſé.
L'aveugle écoute, & d'un ton plus baiſſé
Va marmottant l'*Ave* de notre Dame.
Ah ! je me meurs, dit Alix, qui ſe pâme;
Moi, reprit Jean, ſuis déja trépaſſé;
L'aveugle dit: Dieu veuille avoir votre ame.
    Et *Requieſcant in pace.*

Pour confeſſer femelle de vingt ans
Par un matin arriva Pere Antoine;
Près de ſon lit d'abord s'aſſit le Moine,
Mais tôt après le ribaud fut dedans.
Frere Lubin, avec des yeux ardents,
Voyoit le tout de loin par la fenêtre;
Hélas ! dit lors Lubin entre ſes dents,
N'aurai-je point le bonheur d'être Prêtre ?

LE
LUXURIEUX,
COMÉDIE
EN UN ACTE,
Par LE GRAND.

SCENE PREMIERE.

VALERE, ISABELLE.

ISABELLE.

Vous verrai-je toujours plongé dans la
    luxure ?

VALERE.

Que voulez-vous, ma Sœur ; je cede à la
    nature,

Vous le savez, chacun a divers appétits ;

Vous êtes pour les grands, je suis pour les

    petits....

J'entends les grands repas.

ISABELLE.

Que voulez vous entendre ?
Mon Frere, en vérité, je ne saurois comprendre.

VALERE.

Vous ne sauriez comprendre ! n'avez-vous
point dequoi ?
J'entends un grand esprit.

ISABELLE.

Vous vous mocquez de moi,

VALERE.

Si vous ne comprenez.....

ISABELLE.

Quels discours sont les vôtres ?

VALERE.

Vous les pourriez du moins faire comprendre à d'autres.

ISABELLE.

Contre les voluptés j'ai toujours combattu ;
Et si quelques desirs attaquent ma vertu,
C'est en dormant : jamais je n'en suis consen-
tante.

VALERE.

Votre pollution est toujours innocente ;
Je vous entends.

ISABELLE.

Mais vous, toujours luxurieux,

On vous voit nuit & jour hanter les mauvais
lieux.

Les femmes de ce temps épuisent bien les
bourses.

VALERE.

Dans les miennes, ma sœur, j'ai de gran-
des ressources :

Sans m'épuiser, j'en puis tirer ce que je
veux.

ISABELLE.

Mon frere, en vérité, vous êtes bien
heureux ;

Celles que vous payez sont encor plus heu-
reuses.

VALERE.

Je sais les rendre aussi, ma sœur, bien
amoureuses.

ISABELLE.

Mais c'est de votre argent.

VALERE.

Ah ! ne le croyez pas ?

Elles trouvent en moi, ma sœur, d'autres
appas.

ISABELLE.

Quoi, vous me foutiendrez que cette chair=
cuitiere.

N'eſt pas intéreſſée ?

VALERE.

Ah ! ma ſœur, au contraire ;
Elle a le cœur ſi bon, qu'en mille occaſions
Pour avoir une andouille , elle offre deux
jambons.

ISABELLE.

Je devine à peu près ce que vous voulez dire,
Et la ſimilitude a de quoi faire rire.

VALERE.

Où donc eſt le plaiſant en ce que l'on vous
dit ?

ISABELLE.

Vous enveloppez tout avec tant d'eſprit...
Deux jambons, une andouille : allons , paſ-
ſons , mon frere,
Cette explication n'eſt pas fort néceſſaire ,
Et malgré ma pudeur.... mais voici Paillar-
det.

SCENE II.

VALERE, ISABELLE, PAILLARDET.

VALERE.

EH bien, as-tu rendu ce matin mon billet?

PAILLARDET.

Oui, Monsieur, cette nuit vous pourrez voir
  Julie,
Madame Pommelée en vos mains la confie.

VALERE.

As-tu vu la Fillon? Me fera-t-elle voir
La Brune en question?

PAILLARDET.

    Oui, vous l'aurez ce soir :
Et j'ai vu tout d'un temps Madame Motte-
  verte ;
Elle a, m'a-t-elle dit, fait une découverte
D'un Tendron de quinze ans ; ce sera pour
  midi.
Voilà, graces à mes soins, ce jour-ci bien
  rempli.

VALERE.

Songez donc à demain.

ISABELLB.

En vérité, mon frere,
Vous vous allez tuer : je vous le réitere.
Si j'en faifois autant, je ferois fur les dents.

VALERE.

Vous le croyez, ma fœur, allez, ce paffe-
temps.
Conferve la fanté. Regardez vos voifines,
Madame Gobe-dru, Madame Gripe-pines
La Comteffe d'Affaut, la Marquife Cognard;
Ce jeu que vous blâmez les rend graffes à
lard.

ISABELLE.

Je ne le blâme point, mais je fuis affez fage
Pour ne le point goûter que dans le mariage

VALERE.

Eh bien, mariez-vous, j'en demeure d'accord,
De vous en empêcher j'aurois cette grand
tort.
Quel Mari prendrez vous? Eft-ce le Capitaine ?

ISABELLE.

Nous nous fommes brouillés depuis une fe-
maine.

VALERE.

VALERE.

Pourquoi donc ?

ISABELLE.

Il m'a fait le plus infame tour
Qu'on puiſſe jamais faire. Il paſſoit l'autre
jour,
Avec ſa compagnie, au bas de ma fenêtre ;
C'étoit le jour de l'an : Dès qu'il me vit pa-
roître ,
Il préſente ſa pique, il en fait mille tours ,
Me ſaluant au ſon des fifres & tambours.
De cette honnêteté j'étois aſſez contente ;
Mais à peine fût-il à la porte d'Orante
Qu'il aime depuis peu , qu'avec un grand
fracas
Il fait en même-temps tirer tous ſes ſoldats.
Ah ! j'en ſuis enragée.

VALERE.

Hé quoi ! cela vous pique ?

ISABELLE.

Comment donc ! devant moi venir branler la
pique ,
Pour aller décharger ailleurs ?

VALERE.

Le trait eſt noir.

ISABELLE.

Non , mon frere , jamais je ne veux le revoir :

Ce font de ces affronts que jamais on n'efface ;

V A L E R E.

Ainfi donc vous prendrez l'Avocat en fa place ;
Mais c'eft un ignorant :

I S A B E L L E.

Pas tant que l'on le croît.
Il s'offre nuit & jour à me montrer le Droit ;
Il débute par là.

V A L E R E.

Pourvu qu'il continue,
Vous ferez avec lui paffablement pourvue.
Vous concevrez bientôt.

I S A B E L L E.

Oui , j'ai l'efprit ouvert ,
Et de ce que j'y mets jamais rien ne fe perd.

V A L E R E.

Allez donc au plutôt , finiffez cette affaire.
Adieu , ma chere fœur.

I S A B E L L E.

Jufqu'au revoir , mon frere.

SCENE III.

V A L E R E, P A I L L A R D E T.

V A L E R E.

ENfin , nous fommes feuls ; il faut te dé-
couvrir
Un deffein que j'ai fait pour me bien réjouir.

J'aime, depuis huit jours, une jeune innocente

Que tu ne connois point : elle est toute charmante ;

Mais je n'en puis venir à bout sans l'épouser :
Il faut, cher Paillardet, m'aider à l'abuser.
J'ai dit que son Tuteur étoit homme intraita-
  ble,

Qu'il ne souffriroit pas une union semblable,
Mais que pour le tromper j'avois un Aumônier,

Qui, tous deux en secret, pourroit nous
  marier.

Elle en est consentante ; il faut, je t'en con-
  jure,

Que de cet Aumônier tu prenne la figure,
Et tu nous marieras.

PAILLARDET.

              Oui dà, je le veux bien,
Le tour sera bouffon.

VALERE.

        Pour qu'il n'y manque rien,
Il faudra deux témoins, à ce que j'imagine.

PAILLARDET.

Eh bien, prenons Courtaut avec la Ba-
  bine,

Ils sont de nos amis, & leur plus grand desir
Est dans l'occasion de nous faire plaisir.

VALERE.

Mais il nous faut quelqu'un pour faire le
Notaire.

PAILLARDET.

Oh ! quant à celui-là, Monsieur, j'ai votre
affaire !

Pousse, mon camarade, il fut Clerc ci-
devant ;

Pour dresser un contrat il est assez savant.

Mais quand vous serez las de tout ce badi-
nage....

VALERE.

Tu prendras cette fille après en mariage.

PAILLARDET.

Moi, Monsieur !

VALERE.

Pourquoi non ? va, tu seras content,

PAILLARDET

Mais, dites-moi, Monsieur, a-t-elle du
comptant !

VALERE.

Je crois son fonds petit.

PAILLARDET.

Moi, j'ai fort peu d'avance.

Je ne veux pas, Monsieur, vivre dans l'in-
digence.

VALERE.

Elle a cinq cens écus.

PAILLARDET.

Je n'en ai guere plus :
Voyez, quand nous aurions enfemble mille
    écus,
Que Diable ferions-nous ?

VALERE.

Ne te mets point en peine,
Laiffe-moi feulement prendre mon droit d'au-
    baine,
Tu feras fatisfait. Va donc chez un frippier
Louer tout au plutôt un habit d'Aumônier.
Moi, je prends le moment que ma fœur eft ab-
    fente,
Pour aller là dedans fonder notre fervante.
Elle eft farouche un peu ; mais j e crois après
    tout,
Qu'avec quelques efforts, j'en viendrai bien
    à bout :
Sinon j'irai chercher quelque Don don jolie
Pour pelotter toujours en attendant partie.

SCENE IV.

PAILLARDET *feul.*

IL ira pelotter ! je devine bien où.
Ah ! qu'il fait bien la paume ! il tire droit au
    trou ;

Quelquefois au dernier il fait prendre fa bif-
    que,
Saifit la balle au bond fans courir aucun rif-
    que
Il force rudement, il a de fi grands coups,
Que, qui joue avec lui, toujours a le deffous.
Mais que vois-je ! quelle eft cette Beauté
    charmante?
Je ne la connois point, feroit-ce l'innocente

SCENE V.

AGNES, BIBI, PAILLARDET.

AGNES.

Monfieur Valere.

PAILLARDET.

            Il fort dans ce même moment,
Je ne me trompe point, c'eft elle affurément.

AGNES.

Reviendra-t-il bientôt ?

PAILLARDET.

            Il ne tardera guere,
Avez-vous avec lui quelqu'importante af-
    faire ?

AGNES.

Oui, Monfieur, mais pourquoi me regar-
    dez-vous tant ?

PAILLARDET.

Je croyois vous connoître.

AGNES.

Il se pourroit : pourtant
Cela me surprendroit ; je suis si peu connue ,

PAILLARDET.

L'ingénue !

AGNES.

J'étois venue ici pour me faire épouser.

PAILLARDET.

Eh bien pour cet effet daignez vous réposer.
Je vais chercher Valere.

SCENE VI.
AGNES, BIBI.
AGNES.

AH! ma chere cousine.

BIBI.

Eh ! comment donc ? toujours je te verrai
chagrine ?
Pourquoi tant de soupirs ?

AGNES.

Mon mal n'est point petit ;
Si tu savois quel songe a troublé mon esprit ?
Tu serois effrayée autant que moi , je gage.

BIBI.

A raconter ses maux souvent on les soulage

AGNES.

Mon songe est bien étrange, & je ne pense
    pas
M'être jamais trouvée en un tel embarras.
Je l'ai vu cette nuit, cet amoureux Valere,
Un poignard à la main, & tout prêt à me faire
Quelque sanglant outrage : il n'étoit point
    vêtu
De ses habits dorés ; il m'a paru tout nud.
J'ai pâli, j'ai rougi de honte, à cette vue ;
Je me suis écriée, hélas ! je suis... perdue.
Mais lui, sans s'étonner, il faut passer le pas,
M'a-t-il dit. Ah ! Valere, aimez-vous les
    combats,
Ai-je dit ? c'est ailleurs que vous devez com-
    battre,
Car tout du premier coup vous me pourriez
    abattre.
Enfin, poussant sa pointe & suivant son tranf-
    port,
Il m'a prise à la gorge, & du premier effort
Il m'a mise par terre, & m'ayant renversée
Du poignard qu'il avoit, m'a coup sur coup
    percée.
Tout ce que je sentois m'empêchoit de parler;
A peine mes soupirs se pouvoient exhaler :
Pourtant à mon secours j'ai reclamé mon pere;
Hélas dans ce moment il poignardoit ma mere,

Il ne m'écoutoit pas. Pourſuis donc, inhu‑
    main ,
Puiſqu'on te laiſſe faire , acheve ton deſſein ,
Ai‑je dit au cruel , égorge la victime.
Enfin , juſques au bout ayant pouſſé ſon
    crime ,
Sans vie il m'a laiſſée après ce long combat ,
Et je me ſuis trouvée en un pitieux état.
Je me ſuis éveillée , accuſant la nature
De m'avoir abuſée avec cette impoſture :
Je ne ſais ni comment , ni quand s'eſt fait cela,
Mais je ſais que j'étois en eau ſortant de là.
Voilà quel eſt mon ſonge , explique‑le
    couſine.

BIBI.

Hé, mais... pour le poignard aiſément je
    devine ,
C'eſt victoire, dit‑on ; l'homme nud , c'eſt
    deſir ;
Et la fille percée , on dit que c'eſt plaiſir.
Voilà ce que j'en ſais.

AGNES.

Eh ! dis‑moi , je t'en prie ,
As‑tu fait quelque ſonge auſſi pendant ta vie ?

BIBI.

Si ma mémoire peut me les rendre préſens ,
Je vais t'en conter un des plus extravangans.
Il n'eſt choſe d'abord dans toute la nature ,

Dont tour à tour je n'aie en dormant la figure.

Je me vois chaque nuit dans un pays nouveau ;

Je me trouve serpent, arbre, poisson, oiseau,

Si je me vois jument, un maquignon me
    dompte,

Un palfrenier me sangle, un cavalier me
    monte.

Je deviens quelquefois matelas & coutil,

Pierre où le Remouleur affile son outil.

Aiguille, l'on m'enfile, & son, l'on me ref-
    fasse.

Noix muscade, on me racle, & poivre, on
    me concasse.

Air à boire, air de Cour, air de Pont-neuf,
    flon, flon,

Je m'accorde toujours au son du violon.

Gaillarde, Traquenard, branle, loure, cha-
    conne ;

Celui-ci me solfie, & cet autre m'entonne,

Enfin, air d'Italie, ou sonate, ou motet ;

M'ayant bien frédonnée, on tourne le feuillet.

A G N E S.

Tu souffre donc beaucoup ! je te plains, ma
    cousine.

B I B I.

Oui, je souffre au deffus de ce qu'on s'ima-
    gine,

AGNES.

Mais que dis-tu, cousine, Aux Auteurs de
tes maux ?
Ne les traite-tu pas d'inhumains, de bour-
reaux ?
Comment les nomme-tu souffrant un tel
martyre ?

BIBI.

Ah ! mille fois j'en souffre, & souffre sans
rien dire.
Mais quelqu'un vient ici, cousine, taisons-
nous.

AGNES.

C'est Valere lui-même.

SCENE VII.

VALERE, AGNES, BIBI, PAILLARDET,
déguisé en Aumônier, POUSSE, *déguisé
en Notaire,* COURTAUT, La BALINE,
témoins.

VALERE.

AH ! ma Belle, c'est vous !
Je conduis avec moi l'Aumônier, le Notaire,
Et les témoins qu'il faut pour finir notre af-
faire.

POUSSE en Notaire.

De vos conventions suffisamment instruit,

J'ai rédigé le tout dans la forme qui suit :

Voici votre contrat que j'ai fait en deux li-
        gnes.

Fut présent devant nous Messire Jean de Vi-
        gnes,

Chevalier de Valere & Seigneur des Con-
        neaux,

Des Blondins, des Grisons, Roussillons,
        Mauricaux,

& cætera, Baron, Seigneur de la Magnotte,

Comte de S. Vitaux, au pays de la Motte,

Marquis de Braquemare, Grand-Prieur des
        Nonnains,

Grand-Vidame d'Anconne & lieux circon-
        voisins ;

Et Damoiselle Agnès Gribiche Coxiboindre:

Lesquels charnellement desirant se conjoin-
        dre,

Par le présent contrat renonçant, approuvans,

Sont demeurés d'accord des articles suivans.

Primò, ladite Agnès apporte en mariage

Un champs clos, dont la terre est propre au
        labourage ;

Un pré prêt à faucher, & deux petits mou-
        lins,

L'un à eau, l'autre à vent, & tous deux fort
    voisins,
Séparés par un pont de structure bizarre,
Où, quoiqu'étroit, souvent le voyageur s'é-
    gare,
Un bâtiment moderne & percé comme il faut,
Bien conditionné du bas jusques en haut :
Pour meubles, un chambranle, & des plus
    beaux qu'on fasse ;
Item, le tour de lit avec la bonne grace,
Travaillés à l'aiguille, entourés d'un mollet:
Item, plusieurs habits, deux tout neufs, un
    qu'on fait ;
Le tout entretenu dans l'état qu'il doit être,
Et que ledit Valere a déclaré connoître,
Pour avoir plusieurs fois visité le terrein,
Et touché le susdit contenu de sa main,
Reconnoissant qu'il est tel que l'on lui détaille,
Voulant qu'avec vigueur le présent contrat
    vaille,
Assisté du bon droit, ainsi que de raison.
Passé par devant Pousse & Dru son compa-
    gnon.
Il s'agit de signer maintenant.
       V A L E R E *signe.*
            Je commence.
Allons, Agnès, à vous.

AGNES *prenant la plume.*

                    Je tremble par avance ;
Où mettrai-je mon nom ?

        POUSSE *en Notaire.*

                    Cela dépend de vous ,
Mais la femme toujours se doit mettre des-
    sous ,
Et les temoins au bas.... Courtaut & la Ba-
    bine ,
Serrez-vous, s'il vous plaît ; place pour la
    cousine.
Voilà le contrat fait ; la célébration
Doit suivre, & tout d'un temps la consom-
    mation.
Ça , Monsieur l'Aumônier , conjoignez les
    parties.

        PAILLARDET *en Aumônier.*
Je ne chercherai point tant de cérémonies ,
Ce sont formalités que l'on observe après.
Valere, voulez-vous pour votre épouse Ag-
    nès ?

        VALERE.
Oui , Monsieur.

        PAILLARDET *en Aumônier.*
Vous, Agnès, pour votre époux Valere ?
        AGNES.
Oui , Monsieur.

PAILLARDET *en Aumônier.*

C'est assez, voilà tout le my stere
Touchez-vous dans la main, mettez au doigt
    l'anneau,
Allez coucher ensemble, *ego vos conjungo.*

A G N E S.

Jusqu'au revoir, cousine.

B I B I.

    Adieu, ma chere amie,
Porte-toi bien, le Ciel te donne longue vie.

V A L E R E.

Je vois ma Sœur, passons dans ce grand ca-
    binet ;
Elle est un peu fâchée, & j'en fais le sujet ?
Mais je l'appaiserai.

S C E N E VIII.

I S A B E L L E, B A R B E.

ISABELLE *en colere.*

Allons, Barbe, sortez, retournez au
    village ;
Comment sur mon sopha de velours cramoisi,
Tantôt avec mon Frere !

B A R B E.

    Hélas ! il l'a choisi.

Car je m'étois d'abord mife fur une chaife.

Barbe, ce m'a-t-il dit, bouttons-nous à notre aife.

Ah ! Monfieur, ç'ai-je dit, non, je n'en fe-
rai rien ;

Ici je fuis fort bien : n'eft-on pas toujours bien

Par-tout où qu'on fe trouve ? Après bien des
prieres,

Et m'avoir prife enfin de toutes les manieres,

Et Barbe par ici, & puis Barbe par là,

Il m'a tout droit pouffée au milieu du fopha ;
Il a fallu s'y bouttre.

ISABELLE.

Ah ! que de verbiage ?
Je vous donne congé fans tarder davantage.
Que tout dans cet inftant d'ici foit délogé.

BARBE.

Après tant de fervice ! ah ! bon Dieu, quel
congé !

SCENE IX.

ISABELLE, BRANLARD.

BRANLARD.

Qu'eſt donc que ceci ? Qu'avez-vous, mon aimable ?

ISABELLE.

Je ne veux plus de Barbe, elle eſt inſuppor-
table.

BRANLARD.

Plus de Barbe ! comment pouvoir vous en
paſſer ?

ISABELLE.

Elle m'échauffe plus qu'on ne ſauroit penſer.
Il faut toujours qu'on crie ou qu'on iue avec
elle.

BRANLARD.

Quoi ! l'auriez-vous ſurpriſe à n'être pas fidelle !

ISABELLE.

Puiſqu'il faut m'expliquer ; mon frere eſt ſon
amant,
Et je les ai ſurpris enſemble en ce moment.

BRANLARD.

Quoi ! c'eſt là le ſujet qui vous met en colere ?

C'est une bagatelle, allez, laissez-la faire,

ISABELLE.

Mon frere a peu d'honneur.

BRANLARD.

Eh bien, c'est pour cela
Qu'il en cherche par-tout.

ISABELLE.

Fort bien, il est bon là,

BRANLARD.

Allons, pour cette fois il faut lui faire grace,

ISABELLE.

Mais vous qui me parlez, mettez-vous en
ma place ;

Que diriez-vous, trouvant une fille chez
vous,

Sur un Sopha pâmée, un homme à ses genoux,
Promenant ses regards dessus sa gorge nue ?

BRANLARD.

Entre nous je dirois que la fille est... perdue,

ISABELLE.

Oui, mais que feriez-vous en les voyant
tous deux ?

BRANLALD.

Ma foi, je banderois tout aussitôt mes yeux.

ISABELLE.

Mais vous déchargeriez du moins votre colere
Sur la fille....

BRANLARD.

Ah ! c'eſt là ce que je voudrois faire :
Deux ou trois coups de verge , afin de lui
    montrer....

ISABELLE.

C'eſt bien dit, ſur ce pied elle pourra ren-
    trer ;
Mais parlons d'autre choſe : à quand notre
    hymenée ?

BRANLARD.

Ah ! Madame , il en faut reculer la journée ;
Je ſuis un malheureux qui ne mérite pas
De poſſéder ſitôt de ſi charmans appas ,
Et ſuis dans un état....

ISABELLE.

    Achevez , je vous prie ;
Auriez-vous attrappé quelque galanterie ?

BRANLARD.

Hélas ! vous l'avez dit ; j'en ſuis au déſeſ-
    poir.
Me croyant pour jamais privé de vous re-
    voir ,
Un Capitaine ayant le bonheur de vous
    plaire ,
J'ai voulu me guérir d'un amour téméraire ;
Ah ! quelle guériſon ! je m'en ſens en ce
    jour,

Tourmenté par un mal plus cuisant que
l'amour.

ISABELLE.

Eh ! qui vous a guéri de cette étrange sorte ?

BRANLARD.

Une jeune beauté, que le grand Diable emporte

Et que la peste creve : hélas ! la caressant,

Innocence, pudeur, esprit doux, complai-
sant,

Je trouvois tout en elle. Ah ! la double
traîtresse !

J'ai payé cherement les fruits de sa tendresse.

Quand elle me disoit, souvenez-vous de
moi,

Elle avoit bien raison : il m'en souvient,
ma foi.

ISABELLE.

Allez, mon cher Branlard, c'est une bagatelle,

Il n'en faut plus qu'autant.

BRANLARD.

Que vous êtes cruelle,

De me railler encore !

ISABELLE.

J'ai grand tort en effet.

BRANLARD.

Prenez-vous-en à vous de tout ce que j'ai fait.

ISABELLE.

Ce n'eſt pas tout, je veux en régaler mon
    frere ;
Il vient fort à propos.

BRANLARD.

    Comment ? qu'allez-vous faire ?

ISABELLE.

Vous ne ſauriez avoir trop de confuſion ,
Et de votre pardon c'eſt la condition.

SCENE X.

VALERE, ISABELLE,
BRANLARD.

VALERE.

AH ! ma ſœur, prenez part à ma bonne
    fortune ;
Vous allez avouer qu'elle n'eſt pas commune,
Vous l'allez voir. Ah! ah! c'eſt vous, Mr.
    Branlard ,
Je veux de cette vue auſſi vous faire part.

ISABELLE.

Ma foi, Monſieur Branlard n'a pas ſujet de
    rire ,

Il pleure bien plutôt.

VALERE.

Que me voulez-vous dire?

ISABELLE.

Il a d'une beauté reçu certain préſent,
En un mot, il en tient.

VALERE.

Le tour eſt fort plaiſant.
Eh! voilà ce que c'eſt de courir les Donzelles;
Faites tout comme moi, dénichez des pucel-
　　les.
Il s'y trouve, il eſt vrai, de la difficulté;
La vertu les défend avec fermeté.
Avant qu'elle s'écarte, & que le vice gliſſe,
Les combats ſont ſanglants avec une novice;
Mais on a de l'honneur, je viens de l'éprou-
　　ver
Avec celle qu'ici vous voyez arriver.

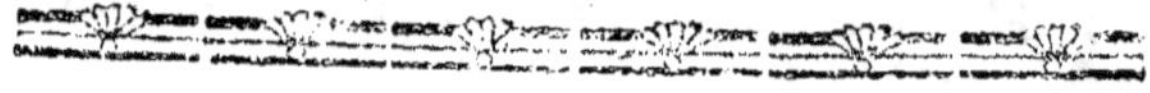

VALERE, ISABELLE.
AGNES, BRANLARD.

BRANLARD

QUe vois-je! quoi c'eſt là la conquête
　　nouvelle!
Oh parbleu! pour le coup vous en avez dans
　　l'aile;

C'est elle justement qui m'a si mal traité.

VALERE.

Que me dites-vous là ?

BRANLARD.

Je dis la vérité.

Agnès, connoissez-vous ce Monsieur ?

AGNES *à part.*

Ah ! je tremble.

VALERE.

Parlez , avez-vous eu quelque commerce
enfemble ?

AGNES.

Je ne fais pas.

VALERE.

Il faut ici s'expliquer net ?
Connoissez-vous Monsieur ?

AGNES.

Hé . . . . non pas tout-à-fait.
Monsieur , ne dites pas au moins , je vous en
prie ,
Tout ce qui s'est passé.

BRANLARD. *en colere.*

La priere est jolie.
Cela feroit fort bon , s'il ne m'en cuisoit
pas ;
Mais l'état où je fuis….

AGNES.

Eh ! parlez donc plus bas.

BRANLARD.

Que je parle plus bas ! parbleu, je vous admire ;

Il n'est pas nécessaire, & je viens de tout dire.

AGNES.

Les hommes d'à présent sont de grands in-
discrets.

VALERE.

Il n'est donc que trop vrai : qui l'eût pensé
jamais ?

AGNES *à Valere.*

Monsieur, excusez-moi, ce fut par innocence.

VALERE.

Sortez d'ici, perfide, ou craignez ma ven-
geance.

SCENE XII.

VALERE, ISABELLE.

BRANLARD.

ISABELLE.

MOn frere, en vérité, vous méritez
cela ;

Mais je plains cependant l'état où vous voilà.

VALERE *en fureur.*

Enfin je suis donc pris : qui l'eût pu jamais
    croire !

Je viens de remporter une belle victoire ?

Je peux bien m'en vanter. O triste souvenir !

Quel transport me saisit ? je perce l'avenir ;

Je vois déja , je vois cette Déesse immonde

Que l'Enfer enfanta pour tourmenter le mon-
    de.

La pâleur l'accompagne ; & ses avant-cou-
    reurs

Viennent me préparer à toutes ses fureurs.

Déja je vois couler le poison qu'elle apprête ;

Les yeux de ses serpents m'environnent à
    tête ;

Ses deux jeunes coursiers s'allument contre
    moi ,

Bouffis , gonflés de rage ils me glacent d'ef-
    froi.

En ce cruel état , ô Ciel ! que dois-je faire !

Ah ! barbare , autrefois tu fis mourir mon
    pere ,

Mais je te tiens..

ISABELLE.

O Dieux ! quel étrange transport !

Ah ! pour le secourir employons notre effort.

VALERE.

O fils de Jupiter ! redoutable Mercure !
J'implore ton fecours dans ma trifte aventure.
Mille & mille en ce cas , affligés comme moi;
Dans leur malheureux fort n'ont eu recours
    qu'à toi ;
En ce puiffant danger je reclame ton aide.
Mais avant d'en venir à ce cruel remede,
Vengeons-nous , cher Branlard , au milieu
    de nos maux ;
Allons-nous fignaler par des exploits nou-
    veaux.
Ne perdons point de temps , courons de belle
    en belle ,
Promenons ce préfent d'une beauté cruelle.
Nous pouvons déformais , fans courir de
    hazard ,
De ce préfent fatal eu tous lieux faire part.
Puifqu'un fexe perfide aujourd'hui nous le
    donne ,
Il ne faut pas du moins rien avoir à perfonne ,
Rendons-le avec ufure. Il faut que dans ce
    jour ,
Puifqu'il vient de la flûte , il retourne au
    tambour.

BRANLARD.

Oui , c'eft bien dit , allons , que rien ne nous
    arrête ,

Reprenons le courage & du poil de la bête.
Ils s'en vont.

ISABELLE *au Parterre.*

Meſſieurs le Ciel vous offre un bel exemple
aux yeux ;
Après cela malheur à tout Luxurieux.

L'ORIGINE

DES

OISEAUX,

OU LES

AMOURS

DU

SOLEIL ET DE VÉNUS, *

Vous demandez des Vers pour le Moineau
    charmant,
Qui fait de votre cœur le doux amufement,
Pour qui vous diffipez le fond d'une tendreffe,
Où, malgré vos rigueurs, mon amour s'inté-
    reffe :
C'eft exiger, Philis, un étrange régal,
De vouloir que je rime en faveur d'un rival.
Loin de louer en lui ce qui fait vos délices,

---

* Ce petit Poëme a paru fort en défordre dans
l'Édition des Contes & Nouvelles de Vergier, pu-
bliée à Paris (Amfterdam) en 1727.

Son attache pour vous, fa fierté, fes malices,

Je devrois travailler à le faire haïr ;

Mais quand vous commandez, je ne fais
      qu'obéir.

Je vais donc vous conter quelle heureufe
      aventure,

A des premiers Oifeaux enrichi la nature,

Et pour juftifier votre tendre penchant,

En faveur du Moineau qui n'a plume ni chant,

Faire venir du Ciel fes titres de noblefe,

Et fur tous les Oifeaux lui donner droit d'aî-
      nefe.

Il en faudra tirer les titres glorieux

Des mémoires fecrets, des intrigues des
      Dieux,

Et peindre des baifers, dont les mufes dif-
      cretes

N'ont point fait jufqu'ici confidence aux
      Poëtes.

Ne vous étonnez pas qu'un myftere oublié

Ait attendu nos ans pour être publié :

C'eft ainfi que notre âge, heureux en décou-
      vertes,

Des fiecles négligens a réparé les pertes.

On fait bien que Vénus, faite pour tout char-
      mer,

S'eft crue également faite pour tout aimer.
C iij

Ses exploits amoureux font une longue his-
    toire ;
Mais on nous a caché sa plus belle victoire,
Et l'on ignore encor quel captif trop heureux
A cette Conquérante offrit les premiers vœux ;
Quel Dieu mit le premier la tendresse en
    usage.
C'est le hardi dessein de ce petit ouvrage.
Vénus, fille de l'Onde, encore sur les flots
Essayoit ses attraits nouvellement éclos,
Et tiroit vers les bords de l'Isle fortunée,
Qu'à son séjour sur terre elle avoit destinée.
La nacre que la mer lui donne pour berceau,
Lui sert en même-temps de trône & de vais-
    seau ;
L'officieux Zéphyr y tient lieu de pilote,
Il pousse vers le bord la coquille qui flotte,
Et d'un souffle amoureux jouant de toutes
    parts ,
Il fait des voiles d'or de ses cheveux épars.
Le Soleil , qui voit tout, par qui tout voit au
    monde ,
Découvrit le premier ces richesses sur l'onde.
D'abord surpris de voir sur la face de l'eau
Un éclat étranger devancer son flambeau,
Tel qu'il voit quelquefois dans le fond d'un
    nuage.
Ses rayons orgueilleux revêtir son image ,

Et par un faux éclat impofant aux humains,
Rendre entre deux Soleils leurs regards in-
 certains ;
Il crut que de fa flamme en un point re-
 cueillie,
Il s'étoit fur les eaux produit un parélie,
Ou que Thétis, cherchant à fe paffer des
 Cieux,
S'étoit fait un Soleil pour éclairer ces lieux.
Mais lorfque de plus près il voit cette mer-
 veille,
La flamme de fes yeux à la fienne pareille,
Qu'il voit de fon vifage & le tein & le tour
Cet air qui ne refpire & n'infpire qu'amour,
Cette double hauteur de fa gorge admirable,
Qu'à fon double Parnaffe il trouvoit préfé-
 rable ;
Ses cheveux, qui dans l'air par le vent fuf-
 pendus,
Lui fembloient des rayons autour d'elle
 épandus ;
Tous les charmes enfin d'une beauté parfaite
Qu'aucun voile ne cache à fa vue indifcrete,
Et que, tout Dieu qu'il eft, Peintre, Poëte,
 Amant,
Phébus qui les a vus peindroit mal-aifément ;
Un nouveau feu fe joint au feu qui l'envi-
 ronne :

C iv

C'est à vous, lui dit-il, adorable personne,
A donner la lumiere & régler les saisons ;
Vos yeux percent plus loin que mes foibles
       rayons ;
Vous pourriez au séjour du Maître du ton-
       nerre,
Dispenser la clarté qui se répand sur terre.
Heureux pour qui le sort réserve tant d'appas!
Il quitteroit son char pour aller sur ses pas ;
Et lui, qui doit par-tout sa lumiere féconde,
Termineroit sa course en cet endroit du
       monde.
Mais un pouvoir plus fort l'emporte sur l'a-
       mour,
Et Ministre aussi-bien que Souverain du jour,
Il ne peut accourcir ni changer sa carriere.
Il part, son char l'emporte, il regarde en
       arriere,
Il soupire, & connoît en ce moment fâcheux
Que le rang le plus haut n'est pas le plus
       heureux,
Et que de son emploi l'attachement extrême
Le donnant au public, le dérobe à lui-même.
Vénus, à cet objet si propre à la charmer,
Ne se laisse pas moins, ni moins vîte enflam-
       mer.
Tel que sur un amas de la fatale poudre,

Dont l'homme induſtrieux a ſu forger un
    foudre,
S'il tombe une étincelle, on voit en un mo-
    ment
Par toute la matiere aller l'embraſement,
Et répandre auſſitôt le déſordre & la flamme;
Tel & plus prompt le feu ſe gliſſe dans ſon
    ame.
Ses yeux, qui ſur les ſiens aiment à s'atta-
    cher,
Y puiſent des ardeurs qu'elle ne peut cacher.
Quoique ſon cœur, encore à ſa premiere
    affaire,
Ignore ce qu'il ſent, ce qu'il veut. ou doiſ
    faire,
Elle fait ce qu'il faut pour toucher ſon vain-
    queur,
Mêle au feu de ſes yeux une douce langueur;
Feignant de ſe cacher, lui dérobe la vue
Des attraits les plus vifs dont le Ciel l'a
    pourvue,
Et lui fait concevoir, par un œil enflammé,
Qu'autant qu'il aime il peut s'aſſurer d'être
    aimé.
A peine de la nuit la lenteur odieuſe
Met le Soleil à bout de ſa courſe ennuyeuſe,
Qu'il laiſſe à l'abandon ſes chevaux haraſſés,

Sa paſſion l'emporte à des ſoins plus preſſés ,
Le tourne tout entier vers l'aimable incon-
          nue.
Réſolu de ſavoir ce qu'elle eſt devenue ,
Il court pour s'aſſurer un bien ſi précieux ,
Et jugeant le ſéjour réſervé pour les Dieux
Seul digne de loger une hôteſſe ſi belle,
Soit qu'elle ſoit Déeſſe , ou qu'elle ſoit mor-
          telle ,
(Mais il la croit Déeſſe à ſes divins appas)
C'eſt d'abord vers l'Olympe ou s'adreſſent
          as .
Il ne fut point trompé dans ſa flatteuſe at-
          tente ,
Cypris y vint montrer ſa beauté raviſſante à
Jupiter , à la terre enviant ſon ſéjour ,
D'un ſi rare ornement voulut parer ſa Cour.
De honte à ſon aſpect les Déeſſes rougirent ,
Par un plus doux motif les Dieux mêmes fré-
          mirent.
Leurs yeux , accoutumés à tout l'éclat des
          Cieux ,
Ne purent ſoutenir les éclairs de ſes yeux.
Le Soleil eſt le ſeul, dont la ferme paupiere
En puiſſe ſoutenir l'éclatante lumiere.
A ce danger charmant ſeul il s'oſe expoſer
Et c'eſt le ſeul auſſi qu'elle veuille embraſſer.

Ce fut là que leurs yeux de plus près se
> parlerent,
Qu'ils connurent leurs coups & les renou-
> vellerent,
Que, sous la caution des sermens les plus
> forts,
Ils livrerent leurs cœurs aux plus ardens
> transports.
Phébus certain de plaire & plein de con-
> fiance,
Se prépare à l'hymen avec impatience,
Du Souverain des Dieux demande l'agré-
> ment :
Mais, ô fatal revers pour un fidele Amant !
Un ordre irrévocable à ses desseins s'oppose,
De cet obstacle, hélas ! Jupiter n'est pas
> cause.
Dans cet arrêt par lui contre un fils pro-
> noncé,
Il n'est que du destin l'interprete forcé.
C'est le bizarre sort, dont les loix trop
> cruelles
Commencent par Vénus à maltraiter les belles
Aux plus rares beautés imposant sans pitié
L'insupportable joug d'une indigne moitié.
Junon, toujours jalouse, avec le sort se li-
> gue,

Les Dieux exclus du choix se joignent à la
          brigue,
Et le rival de tous que Phébus craint le
          moins,
Est celui dont l'hymen autorise les soins.
C'est par Vulcain, des Dieux la honte & la
          risée,
Que l'ornement du Ciel, Vénus est épousée.
Eh bien ! Amans mortels, qui voyez quel-
          quefois
A d'indignes rivaux transporter tous vos
          droits,
Beautés, qu'un nœud forcé captive dans nos
          Temples,
Vous plaindrez-vous encore après ces grands
          exemples ?
Prendrez-vous à partie & l'amour & les
          Dieux,
Quand même sort insulte aux habitans des
          Cieux !
Ces deux Divintés, ces deux beautés par-
          faites,
Qui s'aimoient, qui sembloient l'une pour
          l'autre faites,
Vénus a le dégoût d'un nœud mal assorti,
Et le plus beau des Dieux n'a pu trouver
          parti.
Que leur auroit servi leur vaine résistance ?

Jupiter , qui des Cieux est la toute-puis-
      sance ,
Qui du destin lui-même a dicté les arrêts ,
Se soumet sans murmure à ses propres décrets.
Ils s'y soumettent donc ; mais pour leur hy-
      menée
N'osant choquer de front la fiere destinée ,
Ils tâchent de donner , en habiles Amans ,
A ce triste devoir des adoucissemens.
Si le sort sur l'hymen étend sa violence ,
L'amour maintient les droits de son indépen-
      dance.
Ils savent que le cœur est exempt d'obéir ,
Et se consulte seul pour aimer & hayr.
Au défaut des plaisirs que l'hymen leur re-
      tranche ,
En transports innocens leur tendresse s'é-
      panche ;
Leur feu , d'autant plus vif qu'il le faut étouf-
      fer ,
Par d'innocens baisers se plaît à triompher.
Ils les jugent permis , quoiqu'en dise au
      contraire.
Le jaloux Forgeron que ce jeu défespere ,
Qui les croit plus heureux en des plaisirs
      bornés ,
Qu'en dépit du devoir l'Amour a façonnés ,

Qu'il ne se croit lui-même en des biens sans
          mesure,
Que le devoir arrache, & dont l'Amour mur-
          mure.
Mais d'un tendre commerce effet miraculeux,
Par autant de baisers dont ce couple amou-
          reux.
S'efforce de flatter leurs flammes désolées,
Autant, par l'union de leurs bouches collées,
Il se forme d'Oiseaux, qui perçant dans les
          airs,
Font retentir les lieux de différens concerts,
Et semblent en naissant, pleins de reconnois-
          sance,
Célébrer les baisers qui leur donnent naissance.
Le cœur de ces Amans, gros de mille desirs,
Met la fécondité jusques dans leurs soupirs.
Cette vapeur de feu se bâtit des organes,
Les revêt à l'entour de subtiles membranes,
Les condense en matiere, & leur faisant un
          corps,
D'une plume légere en garnit les dehors;
D'où prenant son essor, par un canal flexible,
A ces sons, dont pour nous l'étude est si pé-
          nible,
Elle produit un chant sans regle mesuré,
Et par les plus beaux sons sans maître figuré.
Même afin que l'espece en soit perpétuelle

Un seul baiser produit le mâle & la femelle ;
Et pour comble de biens, ces fortunés Oi-
    seaux
Viennent appareillés aussi-bien que jumeaux.
La sœur trouve en naissant un époux dans son
    frere ;
Il voltige autour d'elle, elle cherche à lui
    plaire :
L'amour, dont l'un & l'autre ignore les leçons,
Prélude cependant par des tendres chansons,
Et dans ces doux accords la seule sympathie
Enseigne à chacun d'eux à tenir sa partie.
Que sait-on si parmi tant d'Oiseaux différens,
Cet Oiseau redoutable à ses propres parens,
Si l'Amour, cet Oiseau qui ne vit que de proie
Et qui des cœurs humains se repaît avec joie,
De ces baisers féconds ne seroit pas venu,
Certes, son origine est un fait inconnu ;
L'Antiquité, d'accord sur le nom de la mere,
A cet enfant trouvé ne donne point de pere !
Et j'ose me flatter que ce divin Oiseau
Auroit peine à trouver un plus digne berceau
Que si l'Amour, jaloux de cacher sa naissance,
Veut que l'on ne connoisse en lui que la
    puissance,
Laissons le s'applaudir du soin mystérieux
De couvrir sa naissance aussi-bien que ses
    yeux.

Mais qu'il foit d'un autre air ou d'une autre
     nature ,
L'aîneſſe des Moineaux n'en fera que plus
     sûre ;
Puiſqu'ils ſont les premiers , ſi ce Dieu n'en
     eſt pas ,
Qui trouverent la vie en ce jeu plein d'appas.
Auſſi , loin de chanter , cette amoureuſe paire
Imita ſur le champ ce qu'elle voyoit faire,
Et de leur petit cœur le petit battement
Fut un ſigne d'Amour & non de ſentiment.
Ce ne ſont que baiſers , que careſſes preſ-
     ſantes :
Par le trémouſſement de leurs aîles trem-
     blantes ,
Par mille petits cris à leurs tranſports mêlés ,
Ils témoignent l'ardeur dont leurs cœurs ſont
     brûlés.
Quand des autres Oiſeaux l'eſpece trop ſau-
     vage
S'enfuit de toutes parts comme ſortant de cage,
Et craint juſques aux Dieux dont elle tient le
     jour ,
Ce couple familier à leurs pieds fait l'Amour ,
Tranquille , apprivoiſé , proche d'eux il s'ar-
     rête ,
Et prend ſa part lui-même à cette tendre fête.
Sur tout de la Déeſſe ils connoiſſent la voix :

Voltigent sur son sein, badinent sur ses doigts,
Osent porter leur bec jusqu'à sa belle bou-
 che,
Et faire les mutins lorsque Phébus y touche;
Comme on voit aujourd'hui votre Moineau
 jaloux,
Pratiquer envers ceux qui s'approchent de
 vous.
Cet air fier & badin, qui charme pere &
 mere,
En leur postérité devient héréditaire;
Et l'amour, en faveur des Dieux dont ils sont
 nés,
Leur fait sur la tendresse un partage d'aînés,
Tendres & premiers fruits d'un amour sans
 mesure,
Ils semblent composés de flamme toute pure,
Et n'ont qu'autant de corps qu'il en faut pour
 nourrir
Ce feu qui les anime & qui les fait mourir.
Il est vrai qu'ils n'ont pas la beauté du ra-
 mage:
Comme entre les Oiseaux l'agrément se par-
 tage,
Ainsi que parmi nous il se trouve qu'entre
 eux,
Les plus passionnés ne chantent pas le mieux.
Peut-être n'est-ce pas un méchant caractere,

D'être fort careſſant & de n'en dire guere.

Les Pigeons, qui, comme eux, ſont de ſi
        grands baiſeurs,

Ne ſont pas, non plus qu'eux, d'agréables
        cauſeurs.

Leur mere cependant, qui s'attache au ſoli-
        de,

En faveur des Pigeons & des Moineaux dé-
        cide ;

Et laiſſant ſans emploi ces Oiſeaux précieux,

Que la plume & le chant rendent ſi glorieux,

A ces Amans ſans bruit ſa prudence partage

Le ſoin de compoſer ſon galant attelage.

Ils ſont encor les ſeuls que deſſus les autels

Elle daigne en offrande accepter des mortels.

Mais des tendres Moineaux l'eſpece favorite

D'un ſervice plus grand a tout ſeul le mérite.

Par ſon attachement à lui faire la cour,

Ils ſont les confidens de ſes deſſeins d'amour,

Lorſque d'un nouveau feu la Déeſſe preſſée,

A ſon heureux Amant veut ouvrir ſa penſée,

Au lieu d'en confier le ſecret aux zéphyrs,

Elle donne aux Moineaux à porter ſes ſoupirs.

Ils viennent ſur les bords de ſa bouche amou-
        reuſe

Prendre en leur petit bec la vapeur précieu-
        ſe ;

Puis franchiſſant les airs, ils la vont exhaler

Vers l'objet que Vénus en daigne régaler.
Qu'on trouve, si l'on veut, de l'Aigle redou-
 table
Aux pieds de Jupiter le rang plus honorable,
Peut-être le Moineau, dans un plus doux
 emploi,
N'aura-t-il rien qu'il doive envier à son Roi,
Si le Ministre affreux des horreurs du ton-
 nerre
Porte en son bec de quoi faire trembler la terre,
Le Moineau, gardien d'un feu délicieux
Porte de quoi charmer les hommes & les
 Dieux.
Voilà d'où les Moineaux ont tiré leur naif-
 sance.
Belles, qui n'êtes pas de facile croyance,
Et qui sur cette histoire allez subtilifer,
Que vous connoiffez peu la force d'un baifer;
Jufqu'où de deux Amans l'haleine confondue
Eleve en ses tranfports la nature éperdue,
Lorfqu'amoureufement leur bouche fe pref-
 fant,
Leur ame fur le bord des levres s'avançant,
S'élance hors de ce corps qui la tient enfer-
 mée,
Pour paffer dans celui de la perfonne aimée?
Vains efforts, de vouloir vous peindre les
 appas:

D'un myftere de cœur que vous n'entendez
　　　　pas !
L'amour , qui feul en peut faire fentir l'a-
　　　morce ,
Vous en peut feul auffi faire fentir la force.
Mais quand des immortels le pouvoir révéré
Ne rendroit pas croyable un fait mieux avéré,
Vous devez bien vous rendre aux preuves
　　　d'un miracle
Dont l'Amour renouvelle à vos yeux le
　　　fpectacle.
Remarquez au printemps les Oifeaux amou-
　　　reux ;
Par de fréquents baifers ils déclarent leurs
　　　feux,
L'homme n'entend pas feul ce délicat manege;
L'efpece volatile a même privilege.
D'où vient qu'à ce commerce il trouve des
　　　appas ,
Que d'autres animaux n'y reconoiffent pas ?
C'eft qu'à s'apparier leur inftinct les convie,
Par les mêmes baifers dont ils tiennent la vie.
De là viennent ces œufs , qui fous de frêles
　　　murs
Cachent les élémens des oifillons futurs.
Stériles élémens , inutile affemblage,
Si la mere en couvant n'achevoit fon ouvrage!
Son feu vivifiant , par degrés répandu

Sur ce petit cahos où tout est confondu,
Débrouille la matiere, arrange les parties,
Et fait un composé des pieces assorties,
Forme un petit Oiseau, qui, s'aidant à son
          tour,
Brise enfin la prison qui lui cachoit le jour;
Et fait voir, en naissant d'une chaleur féconde,
Qu'une simple vapeur a pu le mettre au monde.
Mais peut-on en douter, quand le Nil indis-
          cret
A la nature même a volé son secret;
Quand le Caire en hazarde une preuve publi-
          que?
En renfermant des œufs dans un fourneau de
          brique,
Il fait, à la faveur d'un feu bien gouverné,
Faire éclore sans mere un poulet étonné.
Comme un enfant, doux fruit d'un amour
          mutuelle,
Souvent de ses parens est l'image fidelle,
En partage les traits, & le pere joyeux.
Y reconnoît sa bouche, & la mere ses yeux;
Ainsi dans les Oiseaux la nature soigneuse
De conserver l'honneur de leur naissance
          heureuse,
A su perpétuer mille traits répandus
Des deux Divinités dont ils sont descendus
Ils tiennent de Phébus, auteur de la musique;

Tous ces chants naturels qu'ils mettent en
    pratique ;
Ils tirent de Phébus, principe des couleurs,
De quoi le difputer aux plus brillantes fleurs,
Il foutient, il conduit leurs aîles élevées
Dans les routes de l'air pour eux feuls réfer-
    vées ;
La naiffance du jour leur réjouit le cœur,
Le départ du Soleil les met dans la langueur;
Tout leur manque la nuit, l'ufage des pru-
    nelles,
Le chant, le mouvement & la force des aîles.
Je croirois volontiers, voyant tant de rap-
    ports
Les unir au Soleil par de fecrets refforts,
Qu'ils vivent feulement d'une vie empruntée,
Par fes rayons produite, avec art emportée,
Et dépendans de lui, tel qu'on voit un ruif-
    feau
Dépendre de fa fource & lui devoir fon eau.
Du côté de Vénus ils ont dans leur famille
La gloire de fortir auffi d'une coquille ;
Et cet artifte nid, qui leur fert de berceau,
De celui de leur mere eft encore un tableau.
Ils ont de cette tendre & fenfible Déeffe
Cette divine ardeur qui les brûle fans ceffe
L'Amour n'eft point chez eux un commerce
    au hazard,

Une aveugle fureur où le corps seul ait part,
Un transport qui s'épuise au moment qu'il
    commence,
Qu'aucun égard ne suit, qu'aucun soin ne de-
    vance :
Tel enfin qu'il se trouve en d'autres animaux,
Qu'entraînent sur le champ leurs mouve-
    mens brutaux.
C'est une passion préparée & suivie,
Qui dure tout l'Été, souvent toute la vie,
C'est le plan régulier d'une société,
Qui met soins & plaisirs dans la communauté.
Leur hymen en effet tient de nos mariages :
On les voit s'attacher à leurs petits ménages,
Et des matériaux d'un nid industrieux
Faire conjointement l'amas laborieux.
L'Amour est, en un mot, leur grande & seule
    affaire :
Oisifs en tout le reste, aussi-bien que leur
    mere,
Sans soin de l'avenir, brillants, chantans,
    jouants,
C'est lui seul qui les rend actifs & prévoyants.
Mais c'est sur les Moineaux entre tous que
    domine
L'amoureux ascendant de leur tendre origine.
Et pour justifier leur aînesse au besoin,
La Déesse a voulu les marquer à son coin

Une amoureuſe ardeur ſans ceſſe les dévore,
Et le même printemps , qui les a fait éclore,
Voit le frere & la ſœur amans dès le berceau,
Au ſortir de leur nid en bâtir un nouveau.

Qu'on ne m'oppoſe plus que ce fond de ten-
        dreſſe

Eſt un titre d'aîné bien fatal à l'eſpece ;

Que ce feu qui les rend ſi vifs dans leurs
        Amours ,

  S'il cauſe leurs plaiſirs , abrege auſſi leurs
        jours.

Ah ! qu'un pareil reproche a dequoi faire
        envie !

L'Amour dans un Moineau dure autant que
        la vie.

Ne vivroient-ils qu'un an : ils vivent plus
        long-temps

Que ces triſtes Oiſeaux qu'on croit vivre
        cent ans.

Voyez , belle Philis , où l'ardeur de vous
        plaire

A conduit , en jouant , ma muſe téméraire!

Semblable à ces Auteurs , par l'argent inf-
        pirés ,

Qui ſur des monumens, de tout autre igno-
        rés ,

Tirent de la pouſſiere une nobleſſe mince ,
                                                Et

Et lui donnent pour tige un échappé de
    Prince :
Pour vous j'ai parcouru les archives des
    Cieux,
Dénoncé des amours même ignorés des Dieux
Et menant la nature au secours de la fable,
Fait au défaut du vrai servir le vraisemblable.
Heureux ! si je pouvois par ce chemin nou-
    veau
Faire aux siecles futurs aller votre Moineau
Le rendre aussi fameux que cet Oiseau cé-
    lebre
Dont Catulle autrefois fit l'éloge funebre,
Le rendant immortel en déplorant sa mort.
Je n'ose lui promettre un si glorieux sort
Le Moineau de Lesbie eut moins de gentil-
    lesse,
Sans doute son Amant me cédoit en tendresse ;
Mais Catulle touchoit une lyre à charmer,
Et je chante aussi mal que je sais bien aimer.
Bien loin de me flatter qu'à ce petit ouvrage
L'indifférent lecteur accorde son suffrage
Je doute même encor si je vous aurai plu,
Vous, pour qui je travaille, & qui l'avez
    voulu.
Si d'un tendre baiser la peinture trop vive
Allarmoit cependant votre pudeur craintive,

Avant que d'effacer les traits de mon tableau ,
Voyez fur quels Amans j'exerce mon pinceau ,
Songez que c'eſt Vénus à ſa premiere intrigue :
Vénus de ſes faveurs envers tous ſi prodigue ,
Que j'ai fait violence à ſon tempérament ,
Pour la rendre ſi ſage avec un tel Amant
Quand donc m'accommodant à votre humeur
       ſévere ,
A de ſimples baiſers ſe termine l'affaire ,
Permettez-moi du moins de les imaginer
Tels que je les demande & voudrois les
       donner.
Peut-être avec le temps par l'amour aguerrie
Ferez-vous plus de grace à ſa galanterie.
Déja votre Moineau vous fait apprivoiſer ;
Avec un tel tranſport je vous le vois baiſer ,
Que c'eſt par vos baiſers que ma Muſe gui-
       dée
S'eſt fait ſur les Oiſeaux cette amoureuſe idée
Mais pour rectifier par un trait ſérieux
Ce que la fable a mis de trop licencieux ,
Je vais la couronner d'une morale auſtere ,
Et vous inſtruire au moins , ſi je n'ai ſu vous
       plaire.
C'eſt l'effet de l'amour de changer les amans
En l'objet trop chéri de leurs empreſſemens.
Jadis par un Pigeon une belle charmée ,

Se vit en un Pigeon par les Dieux transfor-
    mée ;
Vous, qui pour un Moineau, qui ne sauroit
    jamais
Répondre à vos bontés, ni sentir vos attraits,
Avez de tendres soins qu'un Amant seul méri-
    te,
Redoutez que l'Amour enfin ne s'en irrite,
Et que faisant sur vous un prodige nouveau,
Il ne le change en homme, ou vous change
    en Moineau.
Quelqu'heureux tour qu'il donne à la méta-
    morphose,
Vous perdriez, Philis, sans doute quelque
    chose.
Vous, devenant Oiseau, que d'attraits su-
    perflus !
Et lui devenant homme, il ne vous plairoit
    plus.

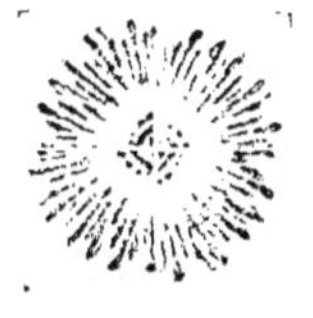

IMITATION

DE LA

XII ÉLÉGIE LATINE

D'ADRIEN RELAND,

SUR LA MORT

DE GALATÉE:

Impitoiable fort, faut-il donc que je vive !
Et qu'à tant de douleurs un trifte Amant fur-
    vive ?
O mort ! ne fois pas fourde aux cris d'un mal-
    heureux ;
Par pitié fois fenfible à mon tourment affreux :
Dans l'état où je fuis, le feul bien qui me refte
Eft de finir, hélas ! des jours que je détefte.
Viens donc ; que tardes-tu de repondre à
    mes vœux ?
Je ne vis qu'à regret : fi c'eft vivre, grands
    Dieux !

Que d'être enséveli par la mort d'une Amante.

Ma Galatée, ô Ciel ! cette Nymphe char-

mante,

Objet infortuné de mes vives ardeurs,

A subi du destin un arrêt plein d'horreurs !

Que je suis malheureux ! jour fatal ! les lieux

sombres

Voient son ombre errer parmi les noires om-

bres.

L'ombre de mon Amante... O cruel souvenir !

Juste Ciel ! je ne peux y penser sans frémir.

Quoi ! c'est donc vainement que sa divine

bouche

M'avoit juré qu'hymen l'uniroit à ma couche,

Seul & charmant objet de nos vœux les plus

doux ;

Dieu d'hymen, tes flambeaux sont donc éteints

pour nous ?

Les plaisirs, dont jadis mon ame étoit flattée,

Sont tous enfévelis avec ma Galatée,

Autour de son beau col mes bras entrelacés

N'animeront donc plus nos amoureux baifers.

Tu porte aux enfers, ô chaste Galatée,

Une virginité qui n'est point effleurée.

Tes beaux yeux, où l'amour faisoit briller

ses feux,

Sont pour jamais fermés à la clarté des

Cieux,

D iij

Peut-être, ô mes amours! ma tendre Galatée.
(Si ce n'est une erreur de ma flamme abusée)
Quand, soutenue encor sur un fragile bois,
Tu soupirois mon nom pour la derniere fois,
Le cruel Dieu des mers t'a submergé dans
     l'onde.
O barbare destin ? ô douleur sans seconde!
Je preffentois ces maux , lorfque quittant ce
     lieu ,
Ma Galatée , hélas ! tu viens me dire adieu.
Quel adieu ! juste Ciel ! il te coûte la vie.
D'une secrette horreur mon ame fut faisie.
D'un funeste avenir triste preffentiment !
Sans doute tu n'avois que trop de fondement.
Dieux! pourquoi ce vaiffeau quitta-t-il nos ri-
     vages ,
Pour être le jouet des mers & des orages ?
Innocentes ardeurs , délicieux tranfports ,
Vous vous êtes changés en fanglots , en re-
     mords.
Avec ma Galatée ont péri mes délices ,
Et mon plus doux efpoir fait mes plus grands
     fupplices.
O déplorable fort ! ô malheur fans égal !
De vos faftes , François , rayez ce jour fatal.
Pleurez , fombres forêts , pleurez , terre ché-
     rie ,
Préférable jadis aux champs de Theffalie ,

Quand ma Nymphe faifoit fous vos ombrages
<blockquote>verds</blockquote>
Redire à vos échos fes amours & mes vers.
Hélas! elle n’eft plus, vous n’avez plus de
<blockquote>charmes ;</blockquote>
Vous fites mes plaifirs, & vous caufez mes
<blockquote>larmes.</blockquote>
Elle ne viendra plus dans ces aimables lieux
Me prouver à la fois fes vertus & fes feux.
Tu ne mêleras plus, zéphir, à ton murmure
De ma chafte Vénus l’haleine douce & pure ;
Et fes beaux cheveux blonds par ton fouffle
<blockquote>badin</blockquote>
Ne feront plus en ordre éparts fur fon beau
<blockquote>fein.</blockquote>
Gazons, que tant de fois j’ai foulés avec elle,
Vous ne me verrez plus, rempli d’un tendre
<blockquote>zele,</blockquote>
Donner à fes beaux bras des baifers amoureux,
Capables d’enflammer les hommes & les Dieux.
Fontaines, en ce jour témoigné vos allarmes,
Pleurez, ruiffeaux, enflez du tribut de mes
<blockquote>larmes ;</blockquote>
Exprimez vos regrets, infortunés côteaux.
Et toi fleuve, jadis pour boire de tes eaux,
Avec moi, fur tes bords, mon Amante épan-
<blockquote>chée</blockquote>

D iv

Charmoit par ſes baiſers ton onde fortunée ;
Les Naïades, pour voir ce chef-d'œuvre des
    Cieux,
Suſpendoient de tes flots le cours impétueux,
Et cédant au torrent de l'onde fugitive,
S'éloignoient à regret de cette heureuſe rive.
Pleurez, mes yeux, pleurez de ſi tendres
    amours,
Soupirs, plaintes, ſanglots, prenez un libre
    cours ;
Vous ſeuls pouvez flatter ma tendreſſe éplorée.
Pour ne penſer qu'à toi, chere ombre,
    ô Galatée !
J'errerai toujours ſeul dans ces triſtes forêts,
Qui t'empruntoient jadis de ſi charmans
    attraits :
Par de fréquens ſanglots ma voix inter-
    rompue
Rendra ces lieux témoins du chagrin qui me
    tue,
Et pouſſant juſqu'aux Cieux de lugubres ac-
    cens,
Fera gémir l'écho de mes gémiſſemens :
Pour adoucir mes maux d'un ſeul mot qui
    m'enchante,
Sans ceſſe il redira le nom de mon Amante.
Mais toi, près d'un cyprès qui ſoupire
    Vers,

Que n'exprime-tu mieux, Muse, les maux
    divers,
Les plaintes, les transports où mon cœur s'a-
    bandonne ?
Chere ombre, qui m'entends, à ton Amant
    pardonne,
Pardonne aux tristes pleurs qu'ici tu fais
    couler,
L'excès de ma douleur m'empêche de parler.
Pour peindre mes tourmens nature est im-
    puissante :
J'ai tout perdu, grands Dieux ! en perdant
    mon Amante,
Ne cherchant désormais que d'innocens
    plaisirs,
Mon cœur ne formera que de chastes desirs.
Tendre & perfide espoir du plus doux hyme-
    née,
Vous rendez à jamais ma vie infortunée.
Nymphe, lorsque la Parque aura tranché mes
    jours,
Je veux t'offrir encor de constantes amours ;
Et m'unissant aux chœurs de l'heureux Elisée,
Je chanterai toujours ma belle Galatée.

LA
CHAMBRE
DE
JUSTICE,

*Établie au commencement de la Régence
en 1715.*

ODE

Toi, dont le redoutable Acée
Suivoit les transports & la voix,
Muse, viens peindre à ma pensée
La France réduite aux abois.
Je me livre à ta violence,
C'est trop dans un lâche silence
Nourrir d'inutiles douleurs.
Je vais, dans l'ardeur qui m'enflamme,
Flétrir le Tribunal infame
Qui met le comble à nos malheurs,

❋

Une tyrannique induſtrie
Épuiſe aujourd'hui ſon ſavoir ;
Son implacable barbarie
Se meſure ſur ſon pouvoir.
Le Délateur , monſtre exécrable ,
Eſt orné d'un titre honorable ,
A la honte de notre nom :
L'Eſclave fait trembler ſon Maître ;
Enfin , nous allons voir renaître
Les temps de Claude & de Néron.

❋

En vain l'Auteur de la nature
S'eſt réſervé le fond des cœurs ,
Si l'orgueilleuſe créature
Oſe en ſonder les profondeurs.
Une Ordonnance criminelle
Veut qu'en public chacun révele
Les opprobres de ſa Maiſon ;
Et pour couronner l'entrepriſe ,
On fait d'un Pays de franchiſe
Une immenſe & vaſte priſon.

❋

Quel gouffre ſous mes pas s'entrouvre !
Quels ſpectres me glacent d'effroi !
l'Enfer ténébreux ſe decouvre ,
C'eſt Tiſiphone , je la vois.

La terreur, l'envie & la rage
Guident son funeste paſſage,
Des foudres partent de ſes yeux ;
Elle tient dans ſes mains perfides
Un tas de glaives homicides,
Dont elle arme des furieux.

Déja la troupe meurtriere
Commence ſes ſanglans exploits :
Elle ouvre l'affreuſe carriere
Par le renverſement des Loix.
Contre la force & l'impoſture,
La foi, la candeur, la droiture
Sont des aſyles impuiſſans :
Tout cede à l'horrible tempête ;
S'il tombe une coupable tête,
On égorge mille innocens.

Tel ſortant du mont de Sicile,
Un torrent de ſouffre enflammé
Engloutit un terroir fertile,
Et ſon habitant allarmé.
Tel un loup fumant de carnage,
Enveloppe dans ſon ravage
Les bergers avec les troupeaux,
Tel étoit moins terrible encore
La fatale boîte, où Pandore
Cachoit à nos yeux tous les maux,

Dans cet odieux parallele
Ne rencontrez-vous pas vos traits ,
Magiſtrats d'un nouveau modele ,
Que l'Enfer en courroux a faits ?
Vils partiſans de la fortune ,
Que les cris du foible importune ,
Par qui les bons ſont abattus ,
Chez qui la cruauté farouche ,
Les préjugés au regard louche
Tiennent la place des vertus.

Nous périſſons , tout ſe dérange ,
Tous les états ſont confondus ;
Par-tout regne un déſordre étrange ,
On ne voit qu'hommes éperdus.
Leurs cœurs ſont fermés à la joie ,
Leurs biens vont devenir la proie
De leurs ennemis triomphans.
O déſeſpoir ! notre Patrie
N'eſt plus qu'une mere en furie ,
Qui met en pieces ſes enfans.

Je ſens que ma crainte redouble ,
Le Ciel s'obſtine à nous punir ;
Que d'objets affligeans me troublent !
Je lis dans le ſombre avenir.

Bientôt les guerres inteſtines ,

Les maſſacres & les rapines

Deviendront les jeux des mortels:

On ſouillera le ſanctuaire ;

Les Dieux d'une terre étrangere

Vont déshonorer nos autels.

※

Vieille erreur , reſpect chimérique ,

Sortez de nos cœurs mutinés.

Chaſſons le ſommeil léthargique ,

Qui nous a tenus enchaînés.

Peuples, pendant que la flamme s'apprête ,

J'ai déja , ſemblable au Prophete ,

Percé le mur d'iniquité ;

Volez , détruiſez l'injuſtice ,

Saiſiſſez au bout de la lice

La deſirable liberté.

SUR LE MEME SUJET.

VÉnus ne connoît plus la joie,

On voit pleurer les jeux , les ris.

Hélas ! diſent-ils, l'on ſoudroie

Nos plus opulens favoris.

※

D'encens , de quelque vent frivole ,

On repaiſſoit les immortels ,

Tandis que les flots du Pactole
Sans cesse inondoient mes autels.

❀

Plutus étoit inépuisable ,
Comus ordonnoit mes ragoûts ;
Pour garnir de nectar ma table ,
Dieux , je vous faisois jeûner tous.

❀

Aussi nulle beauté rebelle ,
Pour mes financiers si chéris :
A Vénus pomme d'or nouvelle ,
Nouvelle Hélene à mes Pâris.

❀

Mais je péris par le naufrage ,
C'étoit mon meilleur revenu ,
Mon fils , comme un petit sauvage ,
Désormais vous irez tout nud.

❀

Tant mieux , dit Minerve , j'ai honte
De vous voir tant verser de pleurs ;
Riez , des temples d'Amathonte
On chasse les Profanateurs.

❀

L'Amour n'avoit plus en partage
L'Empire de tout l'Univers ;
L'Amour étoit en esclavage :
Plutus avoit doré ses fers.

Soupirs, doux foins, tendre langage,
Source de nos plus purs honneurs,
Depuis fi long-temps hors d'ufage,
Redeviendront le prix des cœurs.

La fageffe que l'on refpecte,
Pourra même aimer à fon tour;
L'avarice n'eft plus fufpecte
D'empoifonner les traits d'amour.

Sachez que j'ai dans mon Empire
Un objet de tous révéré ;
Amour, il pourra te fourire,
En voyant ton culte épuré.

Minerve à la tendre Déeffe
Vous nomme, & l'appaife foudain.
Vous aimerez, belle Ducheffe,
Minerve promet-t-elle en vain ?

CHANSON.

MA charmante Nanette,
J'entends un petit bruit;
C'eft ton cul qui caquette,

Apprens-moi ce qu'il dit.
Auroit-il reçu quelque injure,
Dont il murmure ?
A-t-il quelque chagrin
Contre son bon voisin ?

❀

Parlons en confidence ,
Ce voisin si mignon
Prend-t-il en patience
Cette espece d'affront ?
Je voudrois , quand tu lui lâche
Sur la mouftache
Un petit camouflet ,
Voir la mine qu'il fait.

AUTRE.

Sur l'Air : *Assis sur l'herbette.*

LA Reine si belle ,
Qu'on aime si fort ,
Pourquoi ne vient-elle ?
Vraiment elle a tort.
Son Louis soupire
Après ses appas.
Que veut-elle dire,
De ne venir pas ?

❀

S'il ne la poffede,
Il s'en va mourir ;
Portons-y remede,
Allons la quérir.
Hâtons le voyage,
Un fiecle doré
En ce mariage
Nous eft affuré.

❀

Mais par quelle route
Aller la chercher ?
Nous n'y voyons goute,
Pourquoi la cacher ?
Aimable anonyme,
Viens donc promptement ;
La France t'eftime,
Sans favoir comment.

A U T R E.

Sur la mort de LOUIS XIV.

Quel prodige furnaturel
En ces lieux va paroître !
Que vois-je ! c'eft l'homme immortel,
Qui veut ceffer de l'être.

Tremblez, ô Peuples de Sion !
La faridondaine, la faridondon,
Plus d'un malheur je vous prédis, biribi,
A la façon de barbari, mon ami.

✻

La mort se présente à ses yeux,
    Sous une autre Couronne.
Je le vois qui fait ses adieux
    A sa toute mignonne :
Je meurs, dit-il, c'est pour raison,
La faridondaine, la faridondon,
Vous serez Reine à Saint Denis, biribi,
A la façon, &c.

✻

Il se trouve avec le Dauphin,
    Et lui tient ce langage :
Mignon, je vous laisse à la fin
    Un charmant héritage ;
Profitez-en, car il est bon,
La faridondaine, la faridondon,
Depuis la Paix tout y fleurit, biribi,
A la façon, &c.

✻

Ensuite il parle à son Neveu,
    Et lui dit ce qu'il pense :
Je meurs content, puisque dans peu
    Vous aurez la Régence :

Mon teftament vous en fait don ,
La faridondaine , la faridondon ,
Mon dernier codicille auffi , biribi ,
A la façon , &c.

Tellier , fans fe faire appeller ,
  S'approche , & plein de zele ,
Si vous voulez , dit-il , aller
  A la gloire éternelle ,
Laiffez-moi la commiffion ,
La faridondaine , la faridondon ,
De remplir vos devoirs ici , biribi ,
A la façon , &c.

Le Roi répond , je le veux bien ,
  Nommez aux Bénéfices ?
Je vous connois homme de bien ,
  Sans fraude & fans malice.
Ah ! Sire , que vous êtes bon !
La faridondaine , la faridondon ,
Dit le Confeffeur attendri , biribi ,
A la façon , &c.

Louis voyant fa Cour en pleurs ,
  Lui parle & la confole.
Adieu pour toujours , je me meurs ,
  Car je perds la parole.

Alors ſe tait le grand Bourbon ,
La faridondaine , la faridondon ,
Laiſſant à penſer bien de lui , biribi ,
A la façon , &c.

François , préparez-vous au deuil ,
  Je le vois qu'il expire.
Il entre enfin dans le cercueil ,
  En Héros qu'on admire.
Plongez-vous dans l'affliction ,
La faridondaine , la faridondon ,
Puiſque vous perdez tout en lui , biribi ,
A la façon , &c.

Je vois Philippe au Parlement
  Demander la Régence.
Doit-il y paroître content ?
  Il n'aura rien , je penſe.
Car ſuivant ma prédiction ,
La fraidondaine , la faridondon ,
Le teſtament ſera ſuivi , biribi ,
A la façon , &c.

Peuples , courez voir en pleurant
  L'honneur du Diadème.
La mort dans ſon char triomphant
  A ſaint Denis l'emmene.
Que de filles ſe ſouviendront ,
La faridondaine , la faridondon ,

D'avoir vu son convoi de nuit, biribi,
A la façon, &c.

❀

Hélas ! falloit-il qu'il mourût
    Ce Prince tant aimable ?
Son zele pour notre salut
    Étoit inconcevable.
Avec la Constitution ,
La faridondaine , la faridondon ,
Il nous menoit en Paradis , biribi ,
A la façon , &c.

❀

Sa sagesse & son équité
    Brilleront dans l'histoire.
Par lui le mérite exalté
    En publiera la gloire ;
Et du Perou jusqu'au Japon ,
La faridondaine , la faridondon ,
On ne parlera que de lui , biribi ,
A la façon , &c.

❀

Si vous étiez chargés d'impôts ,
    Il n'en étoit point cause ;
Il désiroit notre repos ,
    Pouvoit-il autre chose ?
Vous lui faisiez compassion ,
La faridondaine , la faridondon ,

Il fongeoit plus à vous qu'à lui, biribi,
A la façon, &c.

✳

Vous alliez vivre tous heureux
    Dans une paix profonde ;
Son ardeur à combler nos vœux
    L'auroit rendu féconde ;
C'étoit là fon ambition,
La faridondaine, la faridondon,
Mais voilà votre efpoir détruit, biribi,
A la façon, &c.

✳

Il eût, fenfible à vos befoins,
    Fait regner l'innocence,
Il eût rétabli par fes foins
    Bientôt la confiance.
Il y travailloit tout de bon,
La faridondaine, la faridondon,
Avec Defmarêts & Berci, biribi,
A la façon, &c.

✳

Pour faire circuler l'argent,
    Il aimoit la dépenfe.
Sa parole étoit du comptant,
    Tout alloit bien en France.
Chacun charmé d'un Roi fi bon,
La faridondaine, la faridondon,

Difoit par tout, vive Louis, biribi,
A la façon, &c.

Ainfi refpectez Defmarêts,
    Son Miniftre fidele,
Reconnoiffez à fes arrêts
    Son merite & fon zele.
Et pour la veuve de Scarron,
La faridondaine, la faridondon,
Ayez bien du refpect auffi, biribi,
A la façon, &c.

Aimez le Pere le Tellier,
    Suivez fon Evangile;
Croyez Fagon dans fon métier
    Auffi favant qu'habile.
Fuyez Quefnel & fes leçons,
La faridondaine, la faridondon,
Profternez-vous devant Biffi, biribi,
A la façon, &c.

Paffans, ci gît Louis le Grand,
    Qui fit plus qu'Alexandre;
Quand il mourut, ce Conquérant
    N'avoit plus rien à prendre.
Homme, femme, fille & garçon,
La faridondaine, la faridondon,
Dites *De profundis* pour lui, biribi,
A la façon &c.   IMPROMPTU.

IMPROMPTU

Tout le monde ici critique
En voyant paſſer les Sceaux
Dans les mains d'un fanatique,
Qui ſupplante Daguesſeau.
Mais le coup partant d'un borgne,
Sans peine on peut concevoir
Que c'eſt un tireur qui lorgne,
Et viſe du blanc au noir.

AUTRE.

Qu'on ruine la finance
Du pauvre Peuple badaut ;
Que le Régent de la France
Soutire un autre tonneau ;
Qu'à Noailles l'on permette
De piller impunément,
Pourvu qu'après on le mette
A la place du Normand.

VAUDEVILLES.

LA Bulle a plus d'un défaut,
Qu'on chante aujourd'hui tout haut.
Et contre la Foi,
Et contre le Roi,
C'est l'ouvrage du Diable.
J'en dirois plus encor, eh quoi ?
Mais trop longue est la fable.

Celle *in Cœnâ Domini*,
Et *lunam sanctam* aussi,
Que nous rejettons,
Que nous détestons,
Ne font pas plus mauvaises ;
Leurs menaces nous méprisons,
Ce font toutes fadaises.

Concile national,
Vous ne ferez plus de mal ;
L'horrible dessein
Du grand Chauvelin,
Pour vous prêter main forte,
Dieu le renverse un beau matin
Et toute sa cohorte.

Le beau mignon de Rohan,
Ce ballon rempli de vent,
    Est pris par le bec;
    Fût-il de Lamec,
Autant par la naissance,
Que de Conan Meriadec,
    La véritable engeance.

Que dirons-nous de Biis?
Pour moi j'en dirai si, si.
    L'hiard fâcheux,
    L'hiard furieux,
Pour supplanter Noailles,
Faisoit le manege odieux
    D'Évêque de Versailles.

Le Prélat de Montpellier
N'a rien voulu publier;
    Ah! qu'il a bien fait!
    Son procédé net
Le rend très-respectable;
Et si son ouvrage il parfait,
Il est incomparable.

Partisans de Molina,
Vous puez comme ka ka.
    Noailles dément

Le Pape Clément.
Disciple de Sfondrate,
Il reçut au Parlement
Un vilain coup de pate.

L'audacieux le Tellier,
Qui nous faisoit tous plier,
  Honteux & confus,
  Ne se verra plus
Traiter de Réverence ;
Car le voilà, dit-on, exclus
  Du Conseil de Conscience.

Vers le Pape avec honneur,
Targni docte, ou bien Docteur,
  Envoyé du Roi,
  Revient chez Louvois,
Et ne comprend pas comme
Il trouve tout en désarroi :
  A son retour de Rome.

Retirez-vous à Pamprou,
Peres, dont nous avons prou.
  Tallement, Doucin,
  Daniel, Hardouin,
Et vous, grand Tournemine,
Esprit & cœur Ultramontain,
  Vous faites triste mine.

❊

L'instruction des Prélats ,

Dont ils faisoient si grands cas ,

Est *à remotis* ,

Et tous interdits

D'une démarche lente *

Nos Seigneurs les quarante.

❊

Pontchartrain , l'eusses-tu cru ?

Dom Jerôme est revenu.

On revoit ici

Thierry , Dabissy ,

Tarquois , Habert , Vitasse

Bragelone & Bidal aussi ,

Qui reprendront leur place.

❊

Quel revers souffre en ce temps

Le Correcteur des Feuillants !

Ce futur Prélat ,

Cet imposteur fat ,

Cet homme nécessaire ,

Hériau , que fortune abat ,

Déplore sa misere.

❊

Nos Prélats & nos Docteurs ,

* Il manque ici un Vers, qui ne s'est point trouvé
dans la copie,

Revenus de leurs frayeurs.
S'en vont en repos
Gaillards & difpos
Nous prêcher l'Évangile,
Auquel ils ont tourné le dos
Dans un temps moins facile.

※

Les favants & bons Curés,
Heureufement délivrés
Des Déclamateurs,
Des Délateurs,
Réformeront les thefes
Des Mandarins Prédicateurs,
Qui s'emparent des chaifes.

※

Enfin, l'Églife & l'État
Vont reprendre leur éclat.
On verra la Paix
Régner déformais
En tous lieux dans la France,
Et l'on ne fe plaindra jamais
De la fage Régence, l'on la
De la fage Régence.

CHANSON LIBRE

Sur l'Air du Branle de Metz.

LE Dieu d'Amour à Cythere
Vient d'ouvrir son Jubilé ;
Tout Amant est appellé
A l'Indulgence Pleniere :
Belle Iris, pour en tâter
Je fais la bonne maniere,
Belle Iris, &c.
Faut à moi s'en rapporter.

Je veux faire sur ta bouche
D'abord une station ;
Mais à ma dévotion
Garde-toi d'être farouche ;
Il faut qu'un même desir
Également ton cœur touche,
Il faut, &c.
Nous fasse un commun plaisir.

Là ma priere finie,
Je poursuivrai mon chemin,
Et j'irai sur ton blanc sein
Dire aussi ma Litanie.

E iv

En parcourant tous les lieux
De cette terre choisie ,
En parcourant , &c.
On fait office pieux.

✻

Bref pour station derniere ,
Descendant un peu plus bas
J'irai sur d'autres appas
Finir ma sainte carriere ;
Mais il faut un cœur bien droit
Pour se tirer là d'affaire ,
Mais il , &c.
En entrant dans cet endroit.

✻

C'est un temple tout d'ébene
Sur un double piédestal ,
Dont la porte de coral
Ne semble s'ouvrir qu'à peine :
Mais moins le passage est grand ,
Quand un bon motif y mene ,
Mais moins , &c.
Mieux on se trouve dedans.

✻

Pour lors le temple facile
Daigne à nos vœux se prêter :
Vous le voyez s'agiter
Sur son fondement mobile ;

Une source de plaisirs
De la voûte enfin distille,
Une source, &c.
Éteint nos brûlants desirs.

※

Pour faire œuvre méritoire,
J'adresserai dans ce lieu,
En remerciant le Dieu,
Oraison jaculatoire.
Par plus d'une aspersion
J'arroserai l'Oratoire,
Par plus, &c.
Je finirai l'oraison.

C H A N S O N
Sur le Mississipi.

CHantons tous l'établissement
De la Compagnie d'Occident,
  Lon lan la derirette,
Autrement de Mississipi,
  Lon lan la deriri.

※

Pour lui donner plus de crédit,
On met à la tête un Proscrit,
  Lon lan la derirette,

Qu'on voulut pendre en son Pays,
   L'on lan la deriri.

❀

Noailles de son cabinet
A fait sortir ce grand projet,
   Lon lan la derirette,
Qu'il est beau d'avoir de l'esprit?
   Lon lan la deriri.

❀

Le Pays n'est point habité,
Mais il sera bien fréquenté,
   Lon lan la derirette,
Peut-être dans cent ans d'ici,
   Lon lan la deriri.

❀

Des filles on y enverra,
Et d'abord on les mariera
   Lon lan la derirette,
Si on leur trouve des maris,
   Lon lan la deriri.

❀

Les mines on y fouillera,
Car sans doute on en trouvera,
   Lon lan la derirette,
Si la nature y en a mis,
   Lon lan la deriri.

❀

Nos billets vont être payés,

Car les fonds en font affurés ,
   Lon lan la derirette ,
Sur l'or qu'elles auront produit ,
   Lon lan la deriri.

❀

Crozat, qui n'aime point l'argent ,
Craignant d'être trop opulent ,
   Lon lan la derirette ,
A laiffé le Miffiffipi ,
   Lon lan la deriri.

❀

Pour policer ce grand Pays ,
On va faire bien des Édits ,
   Lon lan la derirette ,
On en , &c.
   Lon lan la deriri.

❀

Pour premier établiffement ,
On enverra le Parlement ,
   Lon lan la derirette ,
Qui ne nous fert de rien ici ,
   Lon lan la deriri.

❀

Des Farceurs on y menera ,
Du Coudrai fon rôle y jouera ,
   Lon lan la derirette ,
Pour réjouir Miffiffipi ,

  Lon lan la deriri.

Noailles aura foin d'enfeigner
La maniere de gouverner,
  Lon lan la derirette,
Et celle de détruire auffi,
  Lon lan la deriri.

Des rentes on affignera,
Et puis on les fupprimera,
  Lon lan la derirette,
On s'en paffera, Dieu merci,
  Lon lan la deriri.

Le Pape même y enverra
La Foi, la Bulle & cœtera,
  Lon lan la derirette,
Par le Cardinal de Biffi,
  Lon lan la deriri.

Tous les jeux on y défendra,
Lanfquenet, pharaon, hoca,
  Lon lan la derirette,
Comme on l'obferve dans Paris,
  Lon lan la deriri,

AUTRE CHANSON

Sur le même Air.

CÉlébrons tous inceſſamment
Le glorieux gouvernement,
  Lon lan la derirette,
De nos Princes du Ciel chéris,
  Lon lan la deriri.

L'aveugle a le rang au deſſus,
Le borgne ſuis, puis le boſſu,
  Lon lan la derirette,
Un boiteux y prend place auſſi,
  Lon lan la deriri.

Ne diſons rien de l'Amiral,
Car il ne fait ni bien ni mal,
  Lon lan la derirette,
Quelquefois il eſt applaudi,
  Lon lan la deriri.

Après eux vient le Chancelier,
Qui ſe pique de bien parler,
  Lon lan la derirette,
Et ne fait ſouvent ce qu'il dit,
  Lon lan la deriri.

Nos Pairs, dont parle chaque Édit,

Les autres Notables auſſi,

    Lon lan la derirette,

Paroiſſent dans le rang qui ſuit,

    Lon lan la deriri.

D'abord eſt le petit Simon,

Qui tout d'un coup eſt furibond,

    Lon lan la derirette,

Quand un Juge eſt ſur le tapis,

    Lon lan la deriri.

Près de lui le Grand Maréchal,

Dont la perruque eſt le ſignal,

    Don lan la derirette,

De ce qu'il blâme ou applaudit,

    Lon lan la deriri.

Puis Tallard, en vieux Courtiſan,

Voudroit obſerver le Régent,

    Lon lan la derirette,

Mais il ne voit pas juſqu'à lui,

    Lon lan la deriri.

Ainſi qu'un ſanglier couru,

Le gros Beſons toujours bourru,

Lon lan la derirette,
Eft du dernier avis qu'on dit,
Lon lan la deriri.

❀

Vient le Relaps impertinent,
Qui voudroit fe rendre important,
Lon lan la derirette,
Et que tout pût paffer par lui,
Lon lan la deriri.

❀

Le Pelletier, d'un air pédant,
Veut marmotter entre fes dents,
Lon lan la derirette,
Perfonne n'eft plus au logis,
Lon lan la deriri.

❀

De Torcy aime à jaborter,
Mais fouvent las de l'écouter,
Lon lan la derirette,
On compte pour peu ce qu'il dit,
Lon lan la deriri.

❀

On voit un petit Potiron,
Qui griffonne fur un chiffon,
Lon lan la derirette,
Toutes les fottifes qu'on dit,
Lon lan la deriri.

Ce beau Conseil est terminé
Par un véritable usurier ,
  Lon lan la derirette ,
Qui s'est placé là par dépit ,
  Lon lan la deriri.

AUTRE

Sur l'Air : *Lere , la lere , &c.*

PH.... est un joli mignon ,
Qui se soule comme un cochon ,
Les soirs avec la Parabere ,
Lere , &c.

La grosse fille la Berry ,
Toujours armée d'un grand v..,;
F.... par devant & par derriere ,
Lere , &c.

Il croit qu'il a de la vertu ,
Parce qu'il ne f... pas en cu ,
Comme défunt Monsieur son Pere ,
Lere , &c.

Bourbon veut les bâtards chasser ;

Il feroit bien mieux de fangler
Sa laide jument pouliniere,
Lere, &c.

Pour Conti c'est un poliffon,
Quelle f.... race Bourbon,
Nous a laiffé Monfieur fon Pere,

Lere, &c.,

La pauvre Conftitution
N'eft plus qu'une Marie Chiffon,
Très-propre à torcher mon derriere,
Lere, &c.

Les Jéfuites font déconfits,
On les verra bientôt tapis
Dans le c.... de notre S. Pere,
Lere, &c.

NOELS NOUVEAUX.

Tous les Bourgeois de Chartres.

Toute la Cour de France,
Les grands & les petits,
Apprennant la naiffance
Du Dieu de Paradis,

S'en vont à Bethléem ,
Le Régent à leur tête ,
Qui voyant le poupon , don , don ,
Est-ce pour celui-là , là , là ,
Qu'on fait si grande fête ?

Appercevant Marie ,
Si gracieuse à voir ,
Il lui dit , je vous prie
A souper pour ce soir :
Venez chez la Berry ,
Vous ferez bonne chere ;
Nous nous enivrerons , don , don ,
Nocé même y sera , là , là ,
Et non la Parabere.

Plus grave que Socrate
Le Chancelier entra ,
Et Fleury son Achate
Près de lui se montra :
De vous & du Régent
Je ne veux que la grace ;
Mais à condition , don , don ,
Qu'on ne me sonnera , là , là ,
Que la grace efficace.

D'un ton de Pédagogue

Il dit au Dieu naissant,
Contre la Synagogue
Arme ton bras puissant ;
Renverse pour jamais
Cette Église profane :
Mais grace à nos canons, don, don,
Il n'endommagea pas, là, là,
L'Église Gallicane.

Après la politique,
Tallard s'est approché,
En disant, la critique
Deux ans m'a délaissé.
Je frondois justement
Ce qu'on faisoit en France ;
Mais j'ai changé de ton, don, don,
Depuis six mois ençà, là, là,
J'admire la Régence.

A Jesus-Christ d'Uxelles
Ne croyant nullement,
Dit, foin de vos cervelles,
Foin du Gouvernement.
Ce Diable de Régent
Veut tout perdre, ou je meure,
Par la morbleu quittons, don, don,
Content de ce bruit-là, là, là,
Le Maréchal demeure.

Suivi de sa Cohorte,
Saint Simon Choubereau
S'écria de la porte,
Hé ! quoi , point de Carreaux !
Nous voulons soutenir
Les droits de la Patrie ;
Ici nous protestons , don, don ,
Que nous n'adorons pas , là , là ,
Le Dieu , Fils de Marie.

Sur le bruit que des Anges
Paroissoient dans ces lieux ,
Et chantoient les louanges
Du Souverain des Cieux ,
Canillac dit , pressé
D'aller à leur rencontre ,
Où sont ces beaux garçons, don , don :
Je ne les vois pas là, là , là ,
Vîte qu'on me les montre.

Du fond de sa cahute
Vint l'Évêque de Laon ,
Qui dit, sur la dispute ,
Seigneur , voyez mon plan,
Je ne prends point parti ,
Comme font toutes les autres ,
Car tantôt je dis non, don, don ,

Et puis après, oui dà, là, là,
Suivant qu'il plaît aux autres.

Arrivant d'Angleterre
L'Ambaffadeur Du Bois,
En mettant pied à terre,
Apperçut les trois Rois.
Faifons vîte un traité,
Dit-il, avec ces Princes;
Offrons des millions, don, don,
S'ils ne fuffifent pas, là, là,
Lâchons quelques Provinces.

Groffe à pleine ceinture
La féconde Berry,
Dit en humble pofture,
Et le cœur bien contrit :
Seigneur, je n'aurai plus
Les mœurs auffi gaillardes,
Je ne veux que Riom, don, don,
Quelquefois le Pape, là, là,
Et rarement mes Gardes.

Des premiers à la crêche
Arriva Mortemart,
Avec mine très-feche
Et farouche regard,

Difant, je veux ici
Me garder de furpife,
Les bâtards y viendront, don, don,
Et je ne prétends pas, là, là,
Leur céder la chemife.

DISCOURS

QUE DEVOIT PRONONCER

M. L'ABBÉ SEGUI,

Pour sa Réception à l'Académie Françoise.

MESSIEURS,

VOus couronnez aujourd'hui votre Ouvrage ; après m'avoir *doté*, vous m'*adoptez*. (*a*) Puis-je trop *re-connoître* des bienfaits qui m'ont fait *connoître* ? D'une profonde obscurité, (*b*) je passe tout à coup dans le plus grand jour. Il m'éblouit sur moi mê-me ; il m'éclaire sur vos mérites. En m'associant à vous, je sens que je de-

_____

(*a*) Le Panégyrique de S. Louis, prononcé à l'Académie Françoise, valut à l'Abbé *Segui* une Abbaye, que cette Compagnie obtint pour lui. Quand il alla demander à Mr. *Danchet* son suffrage pour l'Académie, il lui dit, qu'il sembloit qu'elle l'eût deja adop-té : *Dites plutôt*, lui repliqua Mr. Danchet, *qu'elle vous a doté.*

(*b*) Il n'étoit que simple Aumônier du Collège de Beauvais, à 300, livres de pension.

tiens un nouvel homme. Tout ce qui
me restoit de ténebres s'évanouit, ou
s'épure, & je jouis d'une Apothéose
anticipée.

Placé au faîte du Temple de la
Gloire, je ne vois plus le reste des
Écrivains que comme des atomes. Le
Barreau, la Chaire, le Théatre recla-
ment en vain leurs prétendus Illustres;
leurs Ouvrages sont tarés à mes yeux,
& ne passeront qu'en fraude à la postérité, tant qu'ils ne seront pas plom-
bés de votre Sceau de l'Immortalité. (c)

Oui, Messieurs, je soutiens, avec
votre *sincere Historien*, (d) que vous
possédez ce que le siecle peut citer de
meilleur en tout genre ; Poëtes, Ora-
teurs, Historiens, Critiques. Nul
vrai talent, qui ne soit dans l'Académie, ou qui ne lui soit destiné. J'entre
dans vos sentimens ; depuis long-temps
je me les suis appropriés, & par-là je
suis devenu à peu près digne de vous.

Plus heureux que l'illustre Abbé
Cotin, le grand titre d'*Académicien*
amenera désormais la foule à mes Sermons, que personne ne venoit entendre. Ainsi l'honneur que vous m'avez
fait, intéresse la Religion. Cet honneur

<hr>

(c) C'est la devise de l'Académie Françoise.
(d) L'Abbé d'*Olivet*.

neur que les *Mabouls*, les *du Jarys*, les *Anselmes*, les *Prévots*, (*e*) par le mérite de leurs Prédications & par tous leurs funebres Panégyriques, n'ont pu obtenir, je l'obtiens, moi, par un seul *Discours*, (*f*) objet de l'injustice & du mépris du public, dont votre choix, Messieurs, me venge glorieusement.

C'est à moi aujourd'hui de m'acquitter de tout ce que je vous dois, par un noble & heureux tissu de louanges. La louange, Messieurs, est la monnoie courante dans votre empire : par elle on satisfait ici à tous ses engagemens ; frappée à différens coins, elle souffre mille refontes nouvelles.

Tout est dit sur *Richelieu* votre Fondateur, sur votre Protecteur *Seguier*, & sur le Grand Monarque à qui vous devez votre principale illustration.

J'ai peu de chose à dire de mon Prédécesseur ; (*g*) sa mémoire est trop récente, pour me laisser le droit d'imaginer. (*h*) S'il n'a rien écrit qui soit

---

(*e*) Celui-ci n'est pas l'Auteur de *Manon Lescaut*.

(*f*) L'Oraison funebre du Maréchal *de Vilars*, dont l'Abbé *Segui* fut chargé, au défaut du Pere *Tournemine*, qui ne voulut pas réformer dans la sienne des traits satyriques contre les dévots *Parisiens*.

(*g*) Mr. *Adam*, qui avoit été Valet de chambre de Mr. le Duc de *Chaulnes*.

(*h*) Son éloge est fait tout d'abord :

Adam vivoit, Adam est mort.

connu , comptons-lui le mérite de la modeſtie. Quelle autre cauſe peut-on donner du ſilence d'un Académicien ?

Mais pourquoi m'occupé-je d'objets qui ne ſont plus , tandis que les objets préſens épuiſent mon admiration ? Me ſera-t-il permis , Meſſieurs , à l'exemple du célebre *La Bruyere* , de crayonner une partie des Grands Hommes qui compoſent aujourd'hui votre illuſtre Corps ? Dans mes peintures , je n'emprunterai rien de lui ; j'ai à peindre des Perſonnages bien différens.

Il eſt des traits marqués que le pinceau ſaiſit d'abord. Il en eſt de délicats & de fins , & , pour ainſi dire , de caprice , que la nature s'eſt plu de former , & que l'art a plus de peine à rendre. Suppléez donc , Meſſieurs , à ma foibleſſe , & contentez-vous de l'Eſquiſſe que j'oſe vous préſenter.

Je peindrai légérement ce joli Naturaliſte de nos jours , (i) dont la ſagacité ſert la galanterie , ce *Pline françois* , cet ingénieux Hiſtoriographe des *Dieu miaulans de l'Egype* , que vous avez ſi librement reçu & ſi cordialement conſervé. Je décorerai d'une couronne cynique ce grand Phi-

---

(i) Mr. *De Moncrif* , Auteur de l'Ouvrage , intitulé les Chats.

losophe, (*k*) qui a si bien mérité de
la Patrie par sa docte Apologie des *Billets de Banque* & par les aménités de
son *Purgatoire.* Je lui joindrai cet af-
fable Ministre (*l*) de *Plutus*, qui
ayant mis les Finances à la teinture des
Muses, adoucit la rigueur des tributs
par ses manieres humbles, modestes
& polies, & n'est pas encore estimé le
Dixieme de ce qu'il vaut. Je relevrai
la pourpre de ce Magistrat, (*m*) qui
a si long-temps égayé la févere *Themis*
& qui, à l'exemple du célebre *Coulan-
ge*, a sacrifié au tendre *Vaudeville* la
fastidieuse étude de la chicanne. A côté
de ce Grand Homme je placerai l'illustre *Maître*, (*n*) qui rend au Public
des *Comptes* si fideles de ses talens :
génie heureux, qui nous a exprimé
toute l'énergie de l'*Homere* des *An-
glois*; (*o*) modele des traducteurs,
& modele si accompli, que l'envie
n'a pu armer contre ce chef d'œuvre que l'incrédulité, qu'une supposi-
tion de part, & que l'allégation d'un
enfantement étranger.

(*k*) L'Abbé *Terrasson*, Auteur du Roman de *Séthos.*
(*l*) Mr. *Mallet*, principal Directeur d. *Dixieme.*
(*m*) Le Président *Hénault.*
(*n*) Mr. *Curré* de S. *Maur*, Maître des Comptes.
(*o*) La traduction de *Milton* par Mr. *Dupré*, a été
revendiquée par M. de *Boismorau* & autres.

Auprès de ces rians & agréables Auteurs, je placerai, par un favorable contraste, des Savans du premier ordre, tels que ce *Saumaise* moderne, (*p*) cet Homme si profond en *Hébreu* & en *Grec* qu'il semble avoir sacrifié à ces deux langues le talent qu'il avoit pour apprendre la nôtre. J'irai ensuite chercher dans l'Antiquité le *Géryon à trois têtes*, pour peindre d'après lui cet Homme vénérable (*q*) inscrit des premiers sur votre Liste, & qui réunit en lui trois hommes différens, le Magistrat, l'Ecclésiastique, le Lettré. Ses vertus allégoriques seroient le sujet de plus de tableaux & d'estampes, qu'il n'en a laissé dans la plus riche Bibliotheque de l'Univers.

Quelles Provinces éloignées, quelles Villes, quelles Bourgades ignorent un nom glorieusement imprimé tous les mois ? Je parle du judicieux Approbateur (*r*) du *Mercure*, qui, pour ainsi dire, en partage la gloire avec l'Auteur, & qui d'ailleurs s'est immortalisé par son *Histoire du Berger Daphnis.*

(*p*) L'Abbé *Saller.*
(*q*) L'Abbé *Bignon.*
(*r*) Mr. *Hardion.*

O vous , *Sophocle* de notre fiecle, (*s*) qui fouteniez autrefois le Théatre , & faifiez fuccéder avec tant de rapidité vos Ouvrages les uns aux autres , hâtez-vous encore ; achevez cette Tragédie commencée & attendue depuis dix ans. (*t*) Le titre d'Académicien eft-il un poids qui vous arrête ? Jaloux de la correction , craignez-vous de hazarder des fruits précoces ? Une circonfpection politique a-t-elle rompu votre commerce avec des fugitifs (*u*) fufpects ? On vous permet de renouer ces relations néceffaires à la Scene & à votre gloire.

Puiffe ainfi mon zele pour l'honneur de l'Académie juftifier le choix dont elle m'honore ! Quelle gloire pour moi d'avoir obtenu la préférence ! Vous m'avez fait grace , Meffieurs , il eft vrai ; faites-moi celle de ne vous en point repentir. L'exemple de ce choix excitera l'émulation : que de dignes Afpirans vont déformais fe préfenter à vos Portes !

Ouvrez-les au favant Compilateur (*x*) des *caufes célebres* ; au déli-

(s) Mr. *Crebillon*, le Pere.
(t) Catilina
(u) Les Chartreux d'Utrecht.
(x) Mr. *Gayot de Pitaval*.

F iij

cat & judicieux *Annaliste du Théatre
François* ; (*y*) au second Historien (*z*)
des Accouchemens & des Enterre-
mens de *Paris*, dont le discernement,
l'esprit & la politesse brillent périodi-
quement quatorze fois chaque année ;
enfin, à l'ingénieux & très-humble
Auteur de la Tragédie d'*Abenzaïd* :
(*a*) ouvrez-les à ce Lyrique Véteran,
(*b*) dont *Paris* vient d'admirer le su-
blime génie dans la correction de l'Ouvrage imparfait (*c*) d'un de vos Con-
freres décédé. Si le Public vous reproche d'avoir abandonné à des mains
étrangeres les Enfans posthumes de
l'illustre *Houdart*, il vous demande au
moins pour leur Curateur la récom-
pense de leur avoir redressé les Membres, de leur en avoir ajouté de nouveaux, & de leur avoir procuré en
trois mois une fortune éclatante.

Vous placerez aussi parmi vous *le
Scuderi* de notre âge, cet inépuisable
Auteur, (*d*) ce millionnaire de Vers,

(*y*) Mr. *de Beauchamps.*
(*z*) Mr. *de la Roque*, *Auteur du Mercure de
France.*
(*a*) L'abbé *le Blanc.*
(*b*) Mr. *de la Serre.*
(*c*) Opéra de *Scanderberg*, qui a échoué,
(*d*) L'Abbé *Pellegrin*, nommé communément le
Chapelain de l'Opéra.

ce vénérable Prêtre d'*Apollon*, occupé depuis trente ans à deſſervir l'Opéra, comme le chef-lieu de ſon bénéfice, ſans négliger les Chapelles confiées à ſes ſoins.

Voilà les hommes votables, les ſujets capables de maintenir la Compagnie dans tout ſon luſtre. Mais, hélas ! ils ne pourront y entrer qu'elle ne perde quelqu'un des précieux Membres qui la compoſent aujourd'hui, comme cela a été très-ſavamment démontré, il y a deux ans, dans un excellent Diſcours (e) prononcé en ce lieu. C'eſt ainſi que l'Académie, par un privilege admirable, perd lorſqu'elle gagne, & gagne lorſqu'elle perd.

Soyez perſuadés, Meſſieurs, que perſonne ne ſera plus zélé que moi pour le maintien de vos ſaintes loix, dictées par la Religion, par la ſageſſe & par la probité, & ſur-tout du Statut édifiant, qui ordonne que toute place d'Académicien ſera honnêtement ſollicitée, de peur qu'un ſi auguſte Corps ne ſe voie expoſé à l'ignominie d'un modeſte refus. Que l'Épiſcopat, que l'Ordre du Saint-Eſprit, que le Trône même ne ſe croient pas désho-

____

(e) A la Réception du *Duc de Villars.*

F iv

norés par de pareils refus, qu'ils ont quelquefois effuyés. Pour vous, Meffieurs, qui avez fur l'honneur des délicateffes imperceptibles, l'exemple de ce qu'il y a de plus grand ne fera jamais un modele pour vous, parce que vous êtes le fel de la terre, *vos eftis fal terræ* : ce fel, Meffieurs, vous préfervera à jamais de la corruption dans ce monde, & dans l'autre que je vous fouhaite. Ainfi foit-il.

LE MONDAIN.

REGRETTERA qui veut le bon vieux temps,
Et l'âge d'or, & le regne d'Aftrée
Et les beaux jours de Saturne & de Rhée,
Et le jardin de nos premiers Parens ;
Moi, je rends grace à la nature fage,
Qui, pour mon bien, m'a fait naître en cet
   âge
Tant décrié par nos pauvres Docteurs :
Ce temps profane eft tout fait pour mes
   mœurs.
J'aime le luxe, & même la molleffe,
Tous les plaifir, les arts de toute efpece,
La propreté, le goût, les ornemens ;
Tout honnête homme a de tels fentimens.
Il eft bien doux pour mon cœur très-immonde
De voir ici l'abondance à la ronde,
Mere des arts & des heureux travaux,
Nous apporter de fa fource feconde
Et des befoins & des plaifirs nouveaux.

F v

L'or de la terre , & le tréfor de l'onde ,
Leurs habitans , & les peuples de l'air ,
Tout fert au luxe , aux plaifirs de ce monde ;
Ah ! le bon temps que ce fiécle de fer !

Le fuperflu, chofe très-néceffaire ,
A réuni l'un & l'autre hémifphere.
Voyez-vous pas ces agiles vaiffeaux ,
Qui du Texel , de Londres , de Bordeaux ,
S'en vont chercher , par un heureux échange ,
De nouveaux biens nés aux fources du Gange ;
Tandis qu'au loin , vainqueurs des Muful-
      mans ,
Nos vins de France enivrent les Sultans ?

Quand la nature étoit dans fon enfance ,
Nos bons ayeux vivoient dans l'innocence ,
Ne connoiffant ni le *tien* , ni le *mien* ;
Qu'auroient-ils pu connoître ? ils n'avoient
      rien :
Ils étoient nuds , & c'eft chofe très-claire
Que qui n'a rien , n'a nul partage à faire.
Sobres étoient, ah ! je le crois encor ,
Martialo n'eft point du fiecle d'or.
D'un bon vin frais ou la mouffe , ou la feve
Ne gratta point le trifte gofier d'Éve.
La foye & l'or ne brilloient point chez eux ;
Admirez-vous pour cela nos ayeux ?
Il leur manquoit l'induftrie & l'aifance ;

Est-ce vertu ? C'étoit pure ignorance.
Quel idiot, s'il avoit eu pour lors
Quelque bon lit, auroit couché dehors?
  Mon cher Adam, mon vieux & triste pere,
Je crois te voir en un recoin d'Éden,
Grossiérement forger le genre humain,
En tourmentant Madame Éve ma mere.
Deux singes verds, deux chevres, pieds
      fourchus,
Sont moins hideux au fond de leur feuillée.
Par le Soleil votre face hâlée,
Vos bras velus, votre main écaillée,
Vos ongles longs, crasseux, noirs & cro-
      chus,
Votre peau bise, endurcie & brûlée,
Sont les attraits, sont les charmes flatteurs,
Dont l'assemblage allume vos ardeurs.
Bientôt las de leur belle aventure,
Dessous un chêne, ils soupent galamment,
Avec de l'eau, du millet & du gland,
Le repas fait, ils dorment sur la dure :
Voilà l'état de la pure nature.
  Or maintenant, voulez-vous, mes amis,
Savoir un peu, dans nos jours tant maudits,
Soit à Paris, soit à Londres, ou dans Rome,
Quel est le train des jours d'un honnête
      homme?

Entrez chez lui ; la foule des beaux arts,
Enfans du goût, se montre à vos regards.
De mille mains l'éclatante industrie
De ces dehors orna la symmétrie.
L'heureux pinceau, le superbe dessein
Du doux Correge & du savant Poussin
Sont encadrés dans l'or d'une bordure ;
C'est Bouchardon qui fit cette figure,
Et cet argent fut poli par Germain ;
Des Gobelins l'aiguille & la teinture
Dans ces tapis égale la peinture ;
Tous ces objets sont vingt fois repétés
Dans des trumeaux tout brillans de clartés.
De ce salon je vois par la fenêtre
Dans des jardins des myrthes en berceaux ;
J'en vois jaillir les bondissantes eaux ;
Mais du logis j'entends sortir le Maître.

Un char commode, avec graces orné,
Par deux chevaux rapidement traîné,
Paroît aux yeux une maison roulante,
Moitié dorée & moitié transparente :
Nonchalamment je l'y vois promené ;
De deux ressorts la liante souplesse
Sur le pavé le porte avec mollesse :
Il court au bain, les parfums les plus doux
Rendent sa peau plus fraîche & plus polie.
Le plaisir presse, il vole au rendez-vous ;

Chez Camargo, chez Gauſſin, chez Julie,
Le tendre amour l'enivre de faveurs.

Il faut ſe rendre à ce Palais magique, *
Où les beaux Vers, la danſe, la muſique,
L'art de tromper les yeux par les couleurs,
L'art plus heureux de ſéduire les cœurs,
De cent plaiſirs font un plaiſir unique.
Il va ſiffler le Jaſon de Rouſſeau,
Ou, malgré lui, court admirer Rameau.
Allons ſouper ; que ces brillans ſervices,
Que ces ragoûts ont pour moi de délices !
Qu'un cuiſinier eſt un mortel divin !
Églé, Cloris me verſent de leur main
Un vin d'Aï, dont la mouſſe preſſée,
De la bouteille avec force élancée,
Comme un éclair fait voler ſon bouchon ;
Il part, on rit, il frappe le plafond.
De ce vin frais l'écume pétillante,
De nos François eſt l'image brillante.
Le lendemain donne d'autres deſirs,
D'autres ſoupers & de nouveaux plaiſirs.

Or maintenant, Mentor & Télémaque,
Vantez-nous bien votre petite Ithaque,
Votre Salente & ces murs malheureux,
Où vos Crétois triſtement vertueux,
Pauvres d'effets & riches d'abſtinence,

---

* L'Opéra.

Manquent de tout pour avoir l'abondance.
J'admire fort votre style flatteur,
Et votre prose, encor qu'un peu traînante;
Mais, mon ami, je consens de grand cœur
D'être fessé dans vos murs de Salente,
Si je vais là pour chercher mon bonheur.
Et vous, jardin de ce premier bon-homme?
Jardin fameux par Éve & par sa pomme:
C'est bien en vain que tristement séduits,
Huet, Calmet, dans leur savante audace,
Du Paradis ont recherché la place;
Le Paradis terrestre est où je suis.

LETTRE

De M. de Genonville à M. le Comte de P *.*

Vous, qu'Amour n'embrasa jamais
Que d'une ardeur folle & légere,
Qui de sa faveur passagere
Vous fit trop payer les attraits,
* Au Pays de la Synagogue
Vous avez bien changé de ton;
Vous parlez comme Céladon,
Et votre lettre est une Églogue,

---

* La personne à qui cette Lettre est écrite étoit
alors à Metz.

Digne des rives du Lignon.

Déja ce nouveau zele éclate :

* As-tu cru que le défefpoir

Me fit échapper à l'ingrate ?

Eh ! n'eft-ce rien que de la voir ?

Quoi de mon printemps qui commence,

Perdrois-je ainfi le plus beau jour

A gémir des maux de l'abfence,

A foupirer pour le retour ?

Laiffe-moi, fageffe févere,

Loin de moi porter la lumiere

Qu'épand ton lugubre flambeau.

Pour mieux nous cacher nos difgraces,

Le Dieu, dont j'ai fuivi les traces,

A nos yeux prête fon bandeau.

Qu'il regle encor mes deftinées,

Qu'il m'infpire encor mes chanfons,

Et pour mes dernieres années

Vous aurez d'utiles leçons.

Ovide banni d'Italie

Par le Maître de l'Univers,

Mais toujours Amant de Julie,

Soupire fes plus tendres Vers :

Et fans qu'il arme fon courage

Contre le fort & fes rigueurs,

---

* Pour entendre cela , il faut fuppofer que Mr. le
Comte de P**, avoit prêché la conftance à fon ami.

Pour lui dans ce climat sauvage ,
Amour, qu'il a chanté , fera naître des fleurs.
Arbitre de délicatesse ,
Maître habile en l'art du plaisir,
Pétronne au Tyran qui le presse
Accordera-t-il un soupir ?
Non, comme au sein de la mollesse,
Il semble goûter le repos.
Héros, que forma la sagesse ,
Sûtes-vous mieux braver les maux ?
Comme eux auprès d'une Maîtresse
Brave le sort moins irrité ;
De cette coupe enchanteresse
Goûte à long traits la volupté ;
Et tant que durera l'ivresse ,
Laisse ignorer à ta jeunesse,
Si c'est erreur ou vérité.

Heureux ! si la coquetterie,
Les soupçons, du repos enfans séditieux,
De cette chaîne qui vous lie
Ne viennent point rompre les nœuds.
Puisse à jamais la jalousie
S'éloigner de vos tendres jeux !
Que sa beauté toujours fleurie
Fasse le plaisir de tes yeux,
Et ton amour le bonheur de sa vie.

ÉPIGRAMME.

De Mr. de CAUX *contre le Poëte* PIRON.

Quand Timandre à Paris entonna la
    trompette,
Des rimeurs tels que toi le foible essaim
    trembla ;
    Dijon, au bruit de sa musette,
    D'applaudissemens le combla ,
    Et Beaune en fut si satisfaite,
Qu'elle vint en ses mains remettre une
    houlette ,
    Faite du bois qui t'étrilla.

RÉPONSE DE PIRON.

Foin de votre trompette & de mon fla-
    geolet,
Je donnerois pour rien mon paiement &
    le vôtre.
J'eus des coups de bâton, vous des coups
    de sifflet :
Le premier aux rimeurs fait plus d'honneur
    que l'autre.

ÉPITRE

A MADAME DE***.

TU veux donc, belle Uranie,
Qu'érigé, par ton ordre, en Lucrece nou-
veau,
Devant toi d'une main hardie,
A la Religion j'arrache le bandeau ;
Que j'expose à tes yeux le dangereux tableau
Des mensonges sacrés dont la terre est rem-
plie ;
Et qu'enfin ma Philosophie
T'apprenne à mépriser les horreurs du tom-
beau,
Et les terreurs de l'autre vie.
Ne crois point qu'enivré des erreurs de mes
sens,
De ma Religion blasphémateur profane,
Je veuille avec dépit dans mes égaremens
Détruire en libertin la loix qui les condamne?
Examinateur scrupuleux,
De ce redoutable Mystere
Je prétends pénétrer d'un pas respectueux
Au plus profond du Sanctuaire

Du Dieu, mort sur la Croix, que l'Europe
revere.
L'horreur d'une effroyable nuit
Semble cacher son Temple à mon œil témé-
raire ;
Mais la raison qui m'y conduit
Fait marcher devant moi son flambeau qui
m'éclaire.
Les Prêtres de ce Temple avec un ton severe,
M'offrent d'abord un Dieu que je devrois
haïr ;
Un Dieu qui nous forma pour être miséra-
bles,
Qui nous donna des cœurs coupables
Pour avoir droit de nous punir ;
Qui nous créa d'abord à lui-même sembla-
bles ,
Afin de nous mieux avilir,
Et nous faire à jamais souffrir
Des tourmens plus épouvantables.
Sa main créoit à peine une ame à son image,
Qu'on l'en vit soudain repentir ;
Comme si l'ouvrier n'avoit pas dû sentir
Les défauts de son propre ouvrage
Et sagement les prevenir.
Bientôt sa fureur meurtriere
Du monde épouvanté, frappant les fonde-
mens ,

Dans un déluge d'eau détruit en même-temps
Les sacrileges habitans
Qui remplissoient la terre entiere
De leurs honteux déréglemens.
Sans doute on le verra, par d'heureux chan-
gemens ;
Sous un Ciel épuré redonner la lumiere
A des nouveaux humains, à des cœurs in-
nocens,
De sa lente sagesse éternels monumens.
Non, il tire de la poussiere
Un nouveau Peuple de Titans ;
Une race livrée à ses emportemens,
Plus coupable que la premiere :
Que fera-t-il ? Quels foudres éclatans
Vont sur ces malheureux lancer ses mains se-
veres !
Va-t-il dans ce cahos plonger les élémens ?
Écoutez : ô prodige ! ô tendresse ! ô myf-
tere !
Il venoit de noyer le pere,
Il va mourir pour les enfans.
Il est un Peuple obscur, imbécille, volage,
Amateur insensé des superstitions,
Vaincu par ses voisins, rampant dans l'escla-
vage,
l'éternel mépris des autres Nations :

Le fils de Dieu, Dieu même, oubliant sa
            puissance,
Se fait Concitoyen de ce Peuple odieux ;
Dans les flancs d'une Juive il vient prendre
            naissance,
Il rampe sous sa mere, il souffre sous ses yeux
        Les infirmités de l'enfance.
Long-temps vil ouvrier, un rabot à la main,
Ses beaux jours sont perdus dans ce lâche
            exercice ;
Il prêche enfin trois ans le Peuple Iduméen,
        Et périt du dernier supplice
Son sang du moins, ce sang d'un Dieu mou-
            rant pour nous,
N'étoit-il pas d'un prix assez noble, assez
            rare,
        Pour suffire à parer les coups
        Que l'enfer jaloux nous prépare ?
Quoi ! Dieu voulut mourir pour le salut de
            tous,
        Et son trépas est inutile !
Quoi ! l'on me vantera sa clémence facile,
Quand remontant au Ciel, il reprend son
            courroux ;
Quand sa main nous replonge aux éternels
            abymes ;
Et que par ses fureurs effaçant ses bienfaits,
Ayant versé son sang pour expier nos crimes,

Il nous punit de ceux que nous n'avons pas
　　faits !

Ce Dieu poursuit encore , aveugle en sa
　　colere ,

Sur les derniers enfans l'erreur du premier
　　Pere ;

Il redemande compte à cent peuples divers
　　Assis dans la nuit du mensonge ,

De ces obscurités où lui-même il les plonge ,

Lui qui vient, nous dit-on, éclairer l'univers !
　　Amérique , vastes contrées ,

Peuples , que Dieu fit naître aux portes du
　　soleil ;

Vous , Nations hyperborées ,

Vous , que l'erreur nourrit dans un profond
　　sommeil ,

Vous serez donc un jour à sa fureur livrées ,
　　Pour n'avoir pas su qu'autrefois ,

Sous une autre Hémisphere , aux plaines
　　Idumées ,

Le Fils d'un Charpentier expira sur la Croix!

Non , je ne connois point à cette indigne
　　image

　　Le Dieu que je dois adorer ;

　　Je croirois le déshonorer

　　Par un si criminel hommage.

Entends , Dieu que j'implore , entends du
　　haut des Cieux

Ma voix pitoyable & sincere.
Mon incrédulité ne doit point te déplaire ;
Mon cœur est ouvert à tes yeux ;
On te fait un tyran, en toi je cherche un Pere ;
Je ne suis point Chrétien, mais c'est pour
t'aimer mieux.
Ciel ! ô Ciel ! quel objet vient s'offrir à ma
vue !
Je reconnois le Christ puissant & glorieux ;
Auprès de lui dans une nue
Sa Croix se présente à mes yeux.
Sous ses pieds triomphans la mort est abattue ;
Des portes de l'enfer il sort victorieux ;
Son regne est annoncé par la voix des ora-
cles ,
Son Trône est cimenté par le sang des Mar-
tyrs ;
Tous les pas de ses Saints sont autant de mi-
racles ;
Il leur promet des biens plus grands que
leurs desirs ;
Ses exemples sont saints , sa morale est divine ;
Il console en secret les cœurs qu'il illumine ;
Dans les plus grands malheurs il nous offre
un appui ;
Et si sur l'imposture il fonde sa doctrine ,
C'est un bonheur encor d'être trompé par
lui.

Entre ces deux portraits, incertaine Uranie

C'eſt à toi de chercher l'obſcure vérité,

A toi que la nature honora d'un génie,

    Qui ſeule égale ta beauté.

Songe que du Très-Haut la ſageſſe immor-
    telle

A gravé de ſa main dans le fond de ton cœur

    La Religion naturelle ;

Crois que ta bonne foi, ta bonté, ta douceur

Ne ſont point les objets de ſa haine éternelle;

Crois que devant ſon trône, en tout temps,
    en tous lieux

    Le cœur du juſte eſt précieux ;

Crois qu'un Bonze modeſte, un Dervis
    charitable

    Trouvent plutôt grace à ſes yeux,

    Qu'un Janſéniſte impitoyable,

    Ou qu'un Jéſuite ambitieux.

Et qu'importe, en effet, ſous quel titre on
    l'implore ?

Tout homme le reçoit, mais aucun ne l'ho-
    nore.

Ce Dieu n'a pas beſoin de nos vœux aſſidus ;

Si l'on peut l'offenſer, c'eſt par des injuſtices:

    Il nous juge ſur nos vertus,

    Et non pas ſur nos ſacrifices.

                DIALOGUE

DIALOGUE

Entre les Peres le Tellier , la Rue &
la Ferté , Jéfuites.

Dimanche au fortir de la Meffe,
Le Grand-Inquifiteur de la Maifon Profeffe
    Voyant la Rue & la Ferté,
    Court vers eux , & tout tranfporté,
    Ridant le front, allongeant le vifage,
    Leur tint à peu près ce langage :
Mes Peres , certain bruit fe répand dans Pa-
        ris ,
    Qu'en plus d'un lieu vos Révérences
De nos trois bons amis traitent les ordon-
        nances
    Avec un fouverain mépris.
Ces Prélats , il eft vrai , ne font pas grands
        efprits ;
    Mais il fuffit qu'ils aient pris,
    Par une aveugle obéiffance,
Notre jufte parti contre Son Éminence :
Toutefois hardiment vous prenez fa défenfe
    Contre notre Société.
    N'abufez pas de ma bonté ;
                                G

Ne pouſſez pas ma patience
A la derniere extrêmité.
Rien ne s'oppoſe à ma puiſſance ;
Dans le poſte où je ſuis, je peux ce que je
veux ,
Et pourrois bien.... vous m'entendez tous
deux.
Mon Pere, que votre naiſſance,
Dit le Tellier à la Ferté ,
Vos talens & votre éloquence
N'enflent point votre Révérence ;
J'eſtime peu la qualité ,
Mais j'eſtime l'obéiſſance.
Croyez-moi, gardez le ſilence
Sur Gap, la Rochelle & Luçon ,
Et mettez à profit cette utile leçon.
A notre crédit rien n'échappe ;
Vous ſavez comme on a traité
A Macao le Député
De notre ſaint Pere le Pape.
C'eſt un coup éclatant, dont le ſeul ſou-
venir
Fera trembler tout l'avenir :
Toute la terre en fait l'hiſtoire.
Ainſi, ſi vous voulez m'en croire,
Changez de langage & de ton :
Que le Cardinal de Tournon
Soit pour vous un exemple à craindre.

Je vous trouverois fort à plaindre,
Si vous osiez, pour plaire au Prélat de
Paris,
Éprouver ce que peut un corps comme le
nôtre :
Ne mettez pas à si haut prix
L'inutile faveur de ce nouvel Apôtre ;
Vous pourriez vous y trouver pris.
Et vous, du célebre Virgile,
S'adressant à la Rue, obscur commenta-
teur,
Qui vous croyez de l'Évangile
Le plus savant Prédicateur,
Rabattez votre vaine gloire.
Oui, notre Maître Chamillard
Mille fois plus que vous a de finesse & d'art,
D'agrément, d'esprit, de mémoire.
Dans Orleans, le Carème passé,
Il a, m'a-t-on dit, terrassé
Tous les Prêcheurs de l'Oratoire,
Et fait sur leurs débris élever Molina ;
Mais laissons cette affaire-là,
Et revenons à vous. Par quelle hardiesse
Dans vos Sermons parlerez-vous sans cesse
Du pouvoir de Dieu sur les cœurs ?
Il me souvient qu'à saint Eustache
Vous preniez tous les jours à tache
De prouver à vos auditeurs,

Que l'homme eſt toujours ſourd, quoiqu'on
diſe & qu'on faſſe,
Si Dieu ne parle au cœur par la voix de
la grace.
Oh ! ſi pour lors, comme aujourd'hui,
J'euſſe occupé l'auguſte place
Où la Chaiſe regnoit, j'aurois mieux fait
que lui ;
Je vous aurois appris à l'inſtant à vous taire,
Et fait du même jour interdire la Chaire.
A ces mots emportés, le Tellier tout en feu
Voulut ſe repoſer un peu.
Mon Pere répondit la Rue,
Le monde aujourd'hui n'eſt plus grue :
En vérité, de tels Prélats
Font peu d'honneur à notre cauſe;
Leur démérite nous expoſe
A mille fâcheux embarras.
On connoît de Chamfleur la profonde igno-
rance,
Du Prélat de Luçon la vaſte inſuffiſance;
Pour notre Maliſſole, hélas !
Le Public mépriſant en fait ſi peu de cas,
Qu'il eſt tout étonné de le voir ſur la Scene:
Il étoit juſqu'ici demeuré ſi caché,
Que les plus curieux à peine
Savoient qu'il eût un Evêché.
C'eſt dans l'Égliſe un Allobroge,

Qui ne fait ni Grec, ni Latin?
Et n'a pour tout François que fu mettre
          fon feing
     Au bas d'un écrit de Doucin.
Voilà de vos amis le magnifique éloge.
     Au lieu que d'un digne Prélat,
     Caufe innocente du débat,
     Le fage, le pieux Noailles
A pour lui, contre tous, la voix de fes
          ouailles.
Mais, grace aux trois Prélats & leurs favans
          écrits,
     Sur le myftere de la grace,
     Dont la profondeur les furpaffe,
     Nous fommes l'objet du mépris
     De la plus vîle populace.
     La Faculté d'Anopolis,
     Où, pour preuve de leur fcience,
     Nos amis ont fait leur Licence,
     De ces Écrivains fi polis
     A turlupiné l'ordonnance.
Venons à nos Sermons, c'eft affez parler
          d'eux.
     Oferai-je, par complaifance
       Pour votre Révérence,
     Prêcher ce dogme monftrueux,
     Que l'homme peut fortir du vice

Par fa liberté feule & fa propre juftice?
    Que la grace qui nous rend Saints
    N'eft que l'ouvrage de nos mains?
Que l'homme toujours foible, impuiffant à
    bien faire,
S'éleve jufqu'au Ciel, guérit feul fa mifere;
Qu'il prévient feul la grace & feul guide
    fon cours;
Dreffe fes pas vers Dieu, fans fon divin
    fecours;
    En un mot, qu'il peut par lui-même
    Arriver au bonheur fuprême?
C'eft un dogme que Paul a frappé d'ana-
    thême.
    Dans cet Edifice facré
Que Dieu bâtit au Ciel de pierres immor-
    telles,
    Les pierres peuvent-elles
    Se placer à leur gré?
N'eft-ce pas l'ouvrier, dont la main tou-
    jours fainte
Les taille, les choifit pour fon divin Palais,
Les place comme il veut dans fa fuperbe
    enceinte,
    Pour y demeurer à jamais?
Ce fuprême artifan, d'une main qui fe joue,
Fait cent vafes divers, pris d'une même
    boue.

L'un fur un trône affis , brillant de toutes parts ,
Du fpectateur furpris attire les regards :
    L'autre , pris de la même maffe :
Avec honte paroît dans la plus vîle place ,
Nul n'ofe toutefois accufer fes deffeins
Dans l'inégalité des œuvres de fes mains.
Tous favent qu'il eft Dieu , que fon pou-
       voir augufte ,
Faifant tout ce qu'il veut , ne fait rien que de
       jufte.
Voilà ce qu'avant moi le grand Paul a prê-
       ché ,
Et que j'ofe aujourd'hui bégayer dans la
       chaire :
Heureux , fi j'en étois moi-même bien touché !
    Si c'eft là , mon Révérend Pere ,
Un crime , une héréfie , un malheur , un
       péché ,
    Je fuis criminel , Hérétique ,
    Malheureux , pécheur endurci....
A peine achevoit-il , que comme un fréné-
       tique ,
Le Tellier pouffe en l'air un effroyable cri.
Quoi , dit-il écumant de rage & de colere ,
J'aurai de Port-Royal détruit le Monaftere ,
De l'hérétique Arnaud foudroyé les écrits ,
Fait condamner Quefnel par Gap & la Ro-
       chelle !
            G iv

Malgré le béat de Paris ,

Secondé de Luçon , plein d'ardeur, plein de
    zele ,

Aidé de Martineau , soutenu de Dervain ,
    Dont l'éloquence est respectable ,
    J'aurai découvert le venin ,

Que depuis quarante ans ce livre abominable,

Sans qu'on l'ait apperçu , nourrissoit dans son
    sein !

Et qui sauroit sans moi , que le pur Jansé-
    nisme ,

    Pire cent fois que l'Athéisme ,

Dans ces réflexions, dont maint sot est tou-
    ché ,

Sous des dehors pieux , en cent lieux est
    caché !

    Sans cette heureuse découverte ,

Les Chrétiens abusés couroient tous à leur
    perte :

Tant il est vrai que Dieu découvre aux
    ignorans

Des mysteres qu'il cache aux yeux des plus
    savans.

Après ce que j'ai dit , peut-on avoir l'audace
    De venir prêcher que la grace
    Est nécessaire , invincible , efficace!

Que Dieu , quand il lui plaît , peut d'un cœur
    révolté ,

Par son souffle divin changer la volonté ?
Qu'ayant terrassé Paul , quand il veut il ter-
  rasse
 Le vain orgueil du cœur humain ?
 Qu'il tient tous nos cœurs en sa main ;
  Qu'il en est le souverain Maître ;
  Qu'il nous choisit avant de naître ;
Que par un pur effort de sa tendre amitié,
   De l'un il a pitié ,
Tandis que par justice il abandonne l'au-
  tre ?
  Je sais bien que certain Apôtre
  En son temps tenoit tels discours :
  Mais dans un temps comme le nôtre ,
Il pourroit à Quimper aller finir ses jours ,
  S'il tenoit ce même langage ;
  Oui , j'en jure par Loyola.
   Jugez après cela
  A quoi ce grand serment m'engage.
  Il en auroit dit davantage ,
  Si le bon Pere la Ferté
  N'eut , d'un air doux , modeste & sage ,
  Interrompu cet emporté.
  Pardonnez-moi ma liberté ,
  Dit-il au fougeux personnage :
Souvent en voulant fuir les dogmes de Cal-
  vin ,

G v

On tombe dans ceux de Pélage.
Pour ne point s'égarer, fuivons faint Auguf-
tin.
Saint Auguftin ! reprit le Tellier en furie,
Bon Dieu, mêlez-vous, je vous prie,
D'aller apprendre vos Sermons.
Vous avez oublié, je penfe,
Comment, en foudroyant le teftament de
Mons,
Paul, Auguftin, Profper, Fulgence,
Que de Janfénius la malheureufe engence
Qualifioit Docteurs,
Et n'étoient que l'appui de ces vieilles erreurs,
Ont été dégradés comme des féducteurs.
Allez prêcher aux harangueurs
La foible autorité des Peres :
Ce n'en eft pas une pour moi,
Ils ne font pas la regle de ma Foi ;
Ils ont pu fe tromper comme les autres hom-
mes,
Et fe font trompés fort fouvent :
Autant en emporte le vent,
A cet effroyable langage,
Plein d'horreur & d'impiété,
Hé, quoi, repliqua la Ferté,
N'eft-ce pas eux qui d'âge en âge
Ont porté jufqu'à nous, fans ombre & fans
nuage,

Le grand jour de la vérité ?
Pour démasquer la fausseté
De l'hérésie encor naissante,
Les Peres, assemblés à Trente,
De Paul & d'Augustin n'ont-ils point em-
      prunté
L'inébranlable autorité ?
Ont-ils dit que la liberté
Étoit maîtresse de la grace ;
Qu'elle la rendoit à son gré
Tantôt insuffisante & tantôt efficace ?
Ils ont dit ce qu'ils ont voulu,
Interrompit Tellier, d'un ton fier, résolu ;
De leur autorité c'est en vain qu'on se pare ;
Je soutiens, moi, que l'efficacité
Dépend de notre volonté.
Ajoutez, s'il vous plaît, replique la Ferté,
Que c'est Dieu qui nous la prépare,
Et que sans lui la volonté s'égare ;
Se porte au mal, loin de courir au bien.
Sans la grace l'homme n'est rien ;
Ce n'est qu'un aveugle sans guide,
Un cheval sans mords & sans bride,
Un vaisseau sans pilote à la merci des vents,
Tous ses efforts sans lui sont impuissans.
Une ame abandonnée à sa propre foiblesse,
Chancele, s'égare, se blesse,
Et fait autant de chûtes que de pas ;

A tout moment le pied lui gliſſe
Et tombe dans le précipice.
C'eſt ce qu'en cent endroits enſeigne ſaint
Thomas.
Ma foi, dit le Tellier, en voici bien d'un
autre :
Vous croyez donc que je fais plus de cas
D'un Jacobin que d'un Apôtre ?
Ah ! la plaiſante autorité !
Plaiſante, reprit la Ferté ;
Le ſage Fondateur de la Société
N'avoit pas l'humeur ſi chagrine ;
Lui, qui, par un décret, par nous peu reſ-
pecté,
Veut que nos Profeſſeurs enſeignent ſa doc-
trine.
Mais ſans nous écarter dans ces digreſſions,
Que répondre aux expreſſions,
Dont ſe ſert le divin Apôtre,
Lorſqu'il a dit pour montrer aux Romains,
Que c'eſt Dieu ſeul qui tient notre cœur en
ſes mains,
Qu'il prend l'un & qu'il laiſſe l'autre ?
Qui pourra ſe plaindre de Dieu,
Ajoute-t-il au même lieu,
Si pour faire voir ſa puiſſance
Et ſa juſte indignation,

Il supporte avec patience
Des vases préparés pour la perdition !
Eh pourquoi ? Pour faire paroître
Les trésors de sa grace en ceux qu'il a
   choisis
Long-temps même avant que de naître,
Pour regner sur le trône où lui-même est
   assis.
A cette terrible parole,
Que répondront Chamfleur, Lescure & Ma-
   lissole,
Et si vous le voulez aussi,
Fleuriau , Bargedès , Chaulnes , Madet ,
   Bissi ,
Et les soixante bonnes têtes,
Si l'on en croit Bouchart , au moindre coup
   d'œil prêtes ,
A foudroyer Quesnel & ses Approbateurs ,
Deux cens Prélats & cinq Docteurs ?
Encore un mot : quand Paul dans l'Église
   naissante ,
Porta la guerre & la terreur ,
Les compagnons de sa fureur
Sentoient-ils au fond de leur cœur
L'heureuse impression de cette voix puis-
   sante ,

Qui, n'appellant que lui, fit d'un perfécu-
 teur
Un vafe plein de grace, un Apôtre, un
 Pafteur,
  Et dans l'égarement funefte,
Ne retirant que Paul, y laiffa tout le refte?
  De fes jugemens fouverains
  Faut-il que Dieu nous rende compte?
  Rougiffons, vous & moi de honte
  D'être fi foibles & fi vains.
A parler franchement, c'eft toute l'héréfie
  Que nous avons l'art d'y trouver;
  Mais il s'agit de la prouver,
  Et le Public nous en défie.
  La feule chofe en quoi Quefnel
  Sans contredit eft criminel,
C'eft de n'avoir pas dit que quelqu'un de nos
  Peres
  Fut l'Auteur de fes Commentaires,
  Nous aurions, tous en profe, en vers,
  D'un livre aujourd'hui fi pervers,
  Fait un éloge magnifique.
  Il ne feroit plus tel qu'il eft,
  L'ouvrage feroit canonique;
  Car nous favons, quand il nous plaît,
  Changer un Saint en Hérétique,
  Et notre adroite politique

Sait à la vérité préférer l'intérêt.
Eh quoi ! Quesnel aura pour lui la voix pu-
blique ,
Pour lui seul chez Pralard on courra tous les
jours ,
Tandis que chez Josse , Bouhours
Depuis plus de vingt ans gardera la boutique ,
Au fond d'un magasin plus triste & plus reclus
Que Virginie & Regulus ?
Ne souffrons point un tel outrage ,
Si l'Auteur nous échappe , écrasons son ou-
vrage ;
Mais n'allons pas étourdiment
Opposer à Quesnel ce nouveau Testament ,
Dont on voit déja dans les rues
Cinq ou six feuilles répandues.
Intriguons-nous beaucoup , mais aussi parlons
peu ,
Et sur-tout gardons-nous d'écrire.
On voit que le Public par notre propre aveu
Ne s'empresse guere à nous lire,
Une Lettre de Phelyppeaux
Vaut cent fois mieux que nos ouvrages ,
Dont les souris rongent les pages ,
Comme du Testament de Meaux ,
Dont le style ennuyeux rebute.

Les lettres de cachet abregent la difpute.

Envoyons-les à Quimpercorantin ,

Commenter leur faint Auguftin ;

Ou pour mieux pratiquer la nouvelle mé-

thode ,

Dont on vient d'inventer la mode ,

Au lieu d'écouter leurs raifons ,

Dont la-force entre nous fouvent nous in-

commode ,

Faites abattre leurs maifons ?

Car naiffant tous le cafque en tête ,

Il nous feroit honteux que , pour toute con-

quête ,

Nous n'euffions fait rafer qu'un miférable

lieu ,

Qui tout au plus n'étoit foutenu que de Dieu.

Noailles ne vous aime guere ,

Il eft de Port-Royal le fecret Protecteur:

Et quoiqu'il en faffe un myftere ,

Eft Janfénifte au fond du cœur.

Le bon coup , fi nous pouvions faire

De fon Palais Archiépifcopal

Ce qu'on a fait de Port-Royal !

Il eft vrai , le deffein eft un peu téméraire

Mais eft-ce le premier que la Société

Auroit heureufement tenté ?
Dût-elle fervir de victime
Au Parlement entier , contre nous tout porté ,
Jouvenci fera voir à la poftérité ,
Que fouvent ce n'eft pas un crime
Qu'une heureufe témérité.

A ce difcours railleur , le Pere le Tellier
Étoit fur la Ferté tout prêt à s'élancer ,
Quand le Portier vint annoncer ,
Qu'une Cohue Épifcopale
Attend depuis un fort long-temps
Le Révérend dans la grand'fale ,
Pour corriger cinq ou fix Mandemens
Que ces Meffeigneurs ont fait faire
Par le plus docte Secretaire
Du Charnier des faints Innocents.
A cette agréable nouvelle ,
Le Tellier reprend tous fes fens ,
Et quoiqu'encor en feu , met fin à la querelle,
S'ajufte , fe compofe , part ,
Avec l'air & la bonne grace
D'un Régent qui fort de la Claffe,
Et lance aux deux reftans un finiftre regard ,
Dont le couple aguerri méprife la menace :

Puis fe radouciffant, dit d'un ton goguenard,
 Je pars vendredi pour Verfailles,
 C'eft là que l'on décidera
 Sur un tel fait qui cédera
 Ou de Tellier, ou de Noailles.

F I N.

TABLE DES MATIERES.

TABLE DES MATIERES.

Fin de la Table.